# 初心者からの質問に「ボロ物件専門大家」がズバッと答えます！

Q&A pickup

※本書の内容はモノクロ刷となります

**Q**　脇田さんは戸建てを5万円など非常に安く買われていますが、一番の秘訣はなんですか？　また、今のやり方で長期的に賃貸経営をすることのリスクについて、どうお考えですか？

**成功のコツ29　安く買える理由は、私が買う物件の特殊要因（階段立地のボロ物件）にあります。需要もあり、今後も十分賃貸経営の可能性があると思っています。**

私が長崎県で安く戸建てを買える理由は、いくつかあります。1つ目は階段立地にあるということです。車が入れないため、マイカーを家の目の前に停めたい人たちには選ばれず、値段が下がります。2つ目は築年数が経過しているからです。マイホームを探している方や他の不動産投資家の方は、「これは高額なリフォーム費用がかかりそうだ」と思って敬遠するため、安く買えます。3つ目はずっと放置されていて、草木に覆われていたり害虫がたくさんいたりする状態になった物件を買うことが多いため、売主側が「商品」ではなく、「不要な家」というメンタリ……

続きは104ページへ

玄関までたどり着くのがやっとのジャングル状態の物件
【0円】で購入（家賃3万9千円）

200段の長い階段（坂道）の上にある物件
【5万円】で購入（家賃3万円）

家の前の道が車が入らない階段という物件は長崎ではごく当たり前に存在する

汲み取り式トイレなど設備が全て旧式の空き家物件
【1万円】で購入（家賃5万円）

リフォーム費用に700万円以上はかかりそうな物件
【3戸セット・5万円】で購入（家賃3戸合計14万円）

**Q** 借地や再建築不可の物件は安く買えると聞きます。でも、いろいろと専門的知識も必要なようで初心者にはハードルが高く感じています。

**成功のコツ15 私個人は、借地・再建築不可、両方とも買っています。特に再建築不可の物件は大きなデメリットではないのに価格交渉の材料にできて、割安に購入できると考えています。**

長崎では、平地にも階段立地にも再建築不可の物件はあります。平地にある再建築不可物件は、東京と同じようなイメージで、道路付けが悪くて、家に続く道の幅が2メートルに満たない物件です。一方、階段立地にある再建築不可物件というのは少し事情が異なります。その物件が再建築不可なのか再建築可能なのかが、はっきりしないケースが多いのです。建築基準法の42条何項道路みたいなものが数えきれないくらいあるため、実際に再建築したいとなって申請するまで、再建築がOKかどうか、わからないのです。持ち主が「再建築したい……

続きは62ページへ

**Q** 古い家にはシロアリがいることが多いと聞きます。脇田さんはシロアリの被害がある家も買っていますか？

**成功のコツ18 物件購入前にシロアリ被害の有無と修繕費用を確認しましょう。シロアリの駆除にかかる費用自体はそれほど大きなものではありません。**

私は物件購入時に建物を見学する場合は必ず、「シロアリ被害はないか？」という視点で室内を確認するようにしています。
・床に近い部分の柱などにシロアリの被害がないか？　・シロアリ予防駆除の施工痕がないか？　見分け方ですが、シロアリそのものがいなくても、シロアリが活動している場所には、蟻道（ぎどう）という茶色っぽい蟻の通り道があるので素人でも見ただけですぐにわかります。別の方法としては、室内に露出している柱などの木部を指先で……

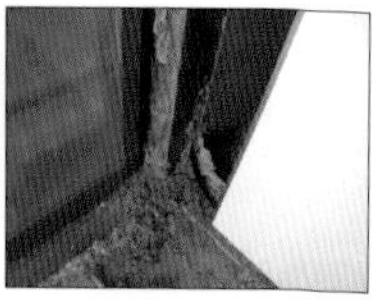

続きは71ページへ

**Q　リフォームの際、コストを抑えるために施主支給で行うことを検討しています。注意点があれば教えてください。**

**成功のコツ41　施主支給は、大工さんにとっては効率が悪く面倒くさいことです。規格違いなどの発注ミスなども起こりがちです。やるなら徹底的に資材や施工の勉強をしたり、送る前に大工さんに確認してもらったりして、なるべく現場に迷惑をかけないように行ってください。**

注意したいのが、部材の発注ミスです。具体的には、蛇口の口径や便器の排水芯の規格が合っていないということが起こります。そういったミスを防ぐには、商品を買う前に職人さんにLINE等でサイズや仕様が入っているページと写真を見てもらうといいと思います。「これでいいですか？」と送れば、「あ、いける、いける」とか、「いや、これ違う。ここに200って書いてあるけど、150っていうのを買って」などと教えてくれるはずです。施主支給でけっこう安くなるのはキッチンです。ただ、キッチンも注意するところが多くあります。ガス台とシンクの左右の位置を間違えたという話はよく聞……

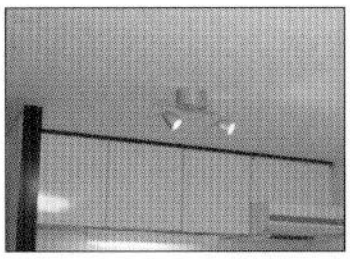

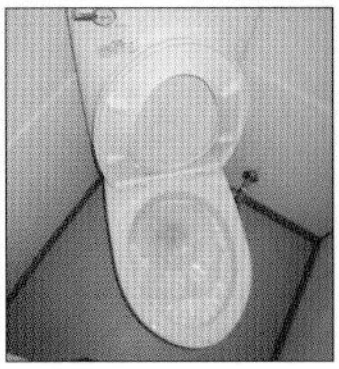

続きは142ページへ

**Q　資金が十分ではないので、まずは最低限のリフォームで仕上げて貸したいと思っています。「ここは省いてもいい、ここは絶対に省いてはダメ」という箇所を教えてください。**

**成功のコツ42　初心者は表面を直そうとしますが、それよりも水道管、電気の引込線など、インフラ関係を更新するべきです。そのまま使っていると3年後、5年後に不具合が出て、工事に大金がかかってしまうケースが多いためです。**

例えば、水道管を水栓金具だけ替える人がいますが、せっかく床をはいで露出するなら水道メーターから水栓金具までの管も替えればいいのにと思います。戸建てでいえば、スケルトンにして工事をするなら水道管や電気の引込線といったインフラ関係を更新することをおすすめします。更新せずにそのまま使ってしまったせいで、3年後、5年後にクレームが出て工事に大金がかかったという話をしょっちゅう聞……

続きは148ページへ

**Q**　融資を受けて買ったRC一棟マンションがあり、そのキャッシュフローで戸建てを買うことで、借金返済のリスクヘッジに充てることを考えています。何か注意点があれば教えてください。

**成功のコツ33　ボロ物件といってもピンキリです。既に持っている物件の返済のリスクヘッジが目的であれば、安かろう悪かろうではなく、15年先を見通せるような状態までしっかりとリフォームをすることを念頭において、収支計画を立てた方がいいと思います。**

注意点としては、リスクヘッジを目的としているため、「早く現金で買った物件からの収入が欲しい」ということに頭がいきがちですが、ダメな戸建てを買わないように物件をしっかり吟味して欲しいということです。ボロ物件のリフォームには、色々な考え方とやり方があります。そして、リフォームの見積もりが100万、300万、500万とあった場合、目先の出費を減らしたいがために最小限の100万を選びがちです。しかし、この価格ですと表層の部分しか直せないため、数年後に追加で200万円、400万円を使うことになる可能性が高くなります。私の……

続きは118ページへ

○トイレビフォー

築35年を超える物件には和式トイレが数多く存在する。今となっては入居付けに際して相当程度マイナスとなる

○台所ビフォー

残置物満載、生活感も満載という状態で投げ売りされるボロ物件は意外と多く存在する。室内瞬間湯沸かし器の撤去と三点給湯化が必須

○風呂ビフォー

昔はよく見かけたタイル仕上げのお風呂。床にノンスキッドシートを施工し三点給湯化の上、傷んだエプロン部分にバスパネルを施工すれば現在でも充分通用する

○トイレアフター

賃料5万円以下のボロ物件投資であっても清潔な洋式便器と温水洗浄便座は必須設備

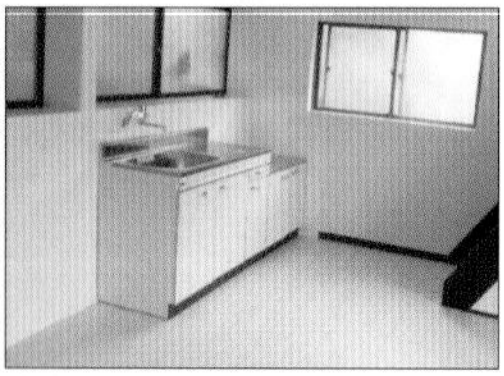

○台所アフター

4万円程度の公団用流し台とワンレバー水栓を組み合わせ、壁にキッチンパネルを施工するだけで近代的な台所に見える

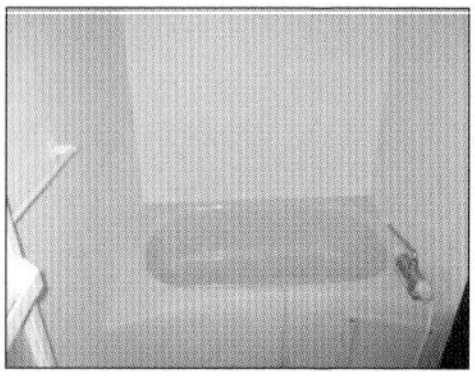

○風呂アフター

ユニットバスを導入すれば新築の分譲マンションと区別できないくらいの新築感を演出できるが、古い浴槽の解体・産廃処分など想像以上にコストがかかる。

少額現金！ 空室知らず！ 物件豊富な地方！

# 5万円以下の「ボロ戸建て」で不動産投資を成功させる“55”のコツ！

～初心者からの質問に「ボロ物件専門大家」がズバッ！と答えます～

ボロ物件専門大家
脇田 雄太

# まえがき
## 「経費率の低さ」と「複利の力」があなたをお金持ちにしてくれる!

本書をご覧いただきありがとうございます。著者の脇田雄太です。

現在、大阪と長崎の両事務所を行き来しながら、ボロ物件専門で不動産投資をおこなっています。

サラリーマン時代の２００７年、大阪府下にファミリー17世帯の一棟物ＲＣ物件をフルローンで購入した一棟目より、私の不動産投資の道は始まりました。

当時はリーマンショックの前で不動産投資向けの融資が比較的スムーズに出ていた時期でした。

ところが、月額43万円の返済を行う契約で1億円近い融資を受けて、物件一棟の所有権を得たものの、様々な経費を差し引いた後の手残りは月額40~50万円前後。「背負ったリスクの割には不動産投資って儲からないな」というのが正直な印象でした。

なぜ、手残りが少ないのか?

理由のひとつは物件購入時に支払う仲介手数料や、不動産取得税等が数百万円単位になるからです。また、物件を所有する限り、毎年発生する固定資産税も１００万円近い金額となります。

実際に体験した私は、「RC物件は出ていくお金が多すぎる」「このまま大きな借金をしながらサラリーマン大家を続けていくことは危険だな」と感じました。

そして、借金をしなくても不動産投資を行う方法がないかと考えるようになりました。


そんな時に出会ったのが現在行っている長崎のボロ物件投資でした。

都会ではなく地方で、新築ではなく築30年、築40年以上のボロボロの建物を取得し、徹底的にリフォームをして相場より少し割安な価格で貸し出すという手法です。

私がそれまでの不動産投資のセオリーをことごとく無視した一見荒唐無稽にもみえるボロ物件投資に魅了されてから、早いもので既に14年の月日が経過しました。

長崎に所有する物件数は100世帯を超え、今では物件の管理やリフォームを行うために5名の社員を雇用するに至りました。

最初に購入した大阪府に所有するフルローン物件の月額43万円のローンは、その数倍の額を長崎のボロ物件が安定的に生み出してくれるため、何の心配もなく工面できるようになりました。

ボロ物件投資は、ボロという言葉のイメージもあり、一見安定性や継続性に欠けるひどくもろい投資手法にみえます。しかし、その第一印象に反して、適切な知識と体制が整ってさえいれば、堅実で安定した投資が実現できます。

その理由は「経費率の低さ」と「複利の力」です。

そもそも二束三文の土地や建物を取得するため、不動産取得税や固定資産税は都会の物件とは比較にならないほど低くなります。

私はこれまで長崎市を中心に、融資を一切使わずに現金のみでボロ物件投資を行ってきました。

「融資を使わずに不動産投資なんてできますか？」という意見をよく耳にします。

それに対する返答ですが、「融資なんて全く必要ありません。現金での投資こそ、一番効率が良いです！」と断言できます。理由は次の通りです。

まず、ボロ物件の中には、５０００円や1万円・3万円・5万円など、にわかには信じられないような低価格で売買されているものが少なからずあります。

実際に、5万円を下回る超低価格の物件を私はこれまでにいくつも買っています。

このような物件にはそれなりのリフォーム代がかかりますが、それでも現金買いは難しくない範囲に収まります。それでいて、エリアを間違えなければ、近隣相場と変わらない家賃をいただけます。つまり、資金効率が非常にいい投資になりやすいのです。

次に、リフォームを含めても高利回りで仕上げられるため、5～8年程度で投資総額を回収することができます。

資金がない初期の頃は、セルフリフォームをしたり経験不足で失敗したりで、スピードがカメのように遅く感じられたとしても、5年後にはウサギのように複利の力でどんどん物件を増やしていくことが可能です。

また、人件費の安い地方でリフォームをするため、工事費も安く抑えられます。


複利の力も侮れません。読者の方から「ボロ物件投資は融資を使えないから一棟目を購入するときに手持ちの現金を使い切ってしまうので二棟目以降を購入するのにすごく時間がかからないですか?」「現金を使い切ってしまうのが怖いので融資を使った投資をしたいです」という質問を受けることがあります。

確かに、ボロ物件投資を最終的に成功させるためには、戸建1棟あたり最低でも数百万円単位のお金が必要になりますから、最初にその資金を現金で使ってしまうのは怖く感じられます。

しかし、物件が増えるうちに、投資の拡大スピードは早まっていきます。

2棟目を購入する際には投資家自身が働いたお金に加えて、1棟目のボロ物件が家賃という名の2棟目を購入するための軍資金を用意してくれます。

3棟目を購入する際には1・2棟目の既存物件が資金を稼いでくれます。

5棟目を購入する際には1・2・3・4棟目が合算して資金を生産してくれます。

戸建1棟から月額5万円の家賃が入ってくるとして、5棟目を購入する際には実に月額20万円のアシストを既に所有している物件から得られるのです。

所有物件が10世帯なら月額50万円、50世帯なら月額250万円、100世帯なら月額500万円の収入が得られます。

最初にしっかりとリフォームしておけば不意の修繕費に悩まされることも少なくなります。


このように、ボロ物件投資とは5年後・10年後を見据えた中長期の視点で、投資世帯数を指数関数的に拡大していく投資手法です。

現金で投資しますから融資を受ける他の投資手法とは異なり、金融機関の担当者から「もうあなたには貸せません」「金融庁の意向で融資を絞っています」などというセリフを聞かされることもありません。

むしろ、毎月安定した金額が家賃として入金されるのですから「あなたにぜひ資金を融資したい」となっていくはずです。

他者に依存し過ぎず、自分の知識と行動で道を切り拓いていく。眼前に広がるいばらの道がしばらくすると舗装された快適な道となり、投資すればするほど、どんどん楽になっていく、それがボロ物件投資の醍醐味です。

本書では、この魅力あふれるボロ物件投資を初心者の方でもスムーズに行っていただけるよう、私が登壇したセミナーの参加者さんや、2019年よりロングセラーを続ける『"5万円"以下の「ボロ戸建て」で、今すぐはじめる不動産投資！』（ごま書房新社）をはじめとした、これまでの12作の著書の読者さん達から聞かれた質問を元に、55の項目を厳選して「コツ」としてお答えしていきます。

ボロ物件投資の各工程順に章を並べていますが、「自分が興味ある部分から読む」「1章からいま自分が大家として歩んでいる3章までを読む」「前の本でもっと知りたかった内容を重点的に読む」・・・など、ご自由に読み進めてください。

この本により、一人でも多くの方がボロ物件投資の魅力を知り、人生を豊かにするきっかけとしていただければ嬉しく思います。

脇田 雄太

# 第1章 不動産投資をスムーズにスタートする“9つ”のコツ

| | |
|---|---|
| Q　不動産投資について友人に相談したところ、「地方の古い家に賃貸需要なんてあるはずない！　騙されている」と言われました。どう思われますか？<br>**成功のコツ5　他人の「意見」に振り回されないで、「事実」を当たりましょう。その地域の賃貸需要を肌身で知っているのは、地元の不動産会社さんです。また、その地域の相場に比べて割安感があれば、賃貸需要が少ない中でも勝ち残っていくことは可能です。** | P37 |
| Q　現状、貯金がありません。まずは種銭を作るところから始めたいのですが、アドバイスがあれば教えてください。<br>**成功のコツ6　毎月の貯金目標額を具体的な数字で決めて、実行していきましょう。** | P40 |
| Q　脇田さんの本を親に見せたところ、お金を貸してもらえることになりました。身内でのお金の貸し借りはアリだと思いますか？　その際の注意点があれば教えてください。<br>**成功のコツ7　身内の貸し借りであっても借用書（金銭消費貸借契約書）を作って、利子もちゃんと設定しましょう。税務署にも認めて貰えるような形式にすることが大事です。** | P42 |
| Q　物件を買うお金はありますが、リフォームするお金が十分ではありません。先に物件だけ買っておくのはアリだと思いますか？<br>**成功のコツ8　ボロ物件投資をすると決めているなら、物件だけ先に押さえても良いと思います。それがお金を貯めるモチベーションになる人もいます。** | P44 |
| Q　不動産投資の勉強中です。商工会議所の人から、「そんなに甘い仕事ではない。やるなら宅建の資格を取った方がいい」と言われました。脇田さんはどう思いますか？<br>**成功のコツ9　宅建の資格がなくても成功している投資家は多くいます。宅建をとれるぐらいの不動産関係の知識を身につけていることが今後の役に立つという意味だと思います。** | P46 |

# 第2章 失敗しないためのボロ物件選び “11コ” のコツ

| | |
|---|---|
| Q　少額の物件を買って勉強したいと思っています。今、検討しているのは古い団地や小さな区分マンションです。そのような物件を買うときの注意点があれば教えてください。<br>**成功のコツ10　小さく始めることには賛成ですが、区分は色々な制限がありますので、注意した方がいいと思います。** | P50 |
| Q　最初の物件は何度も通うことになると思うので、自宅の近くで買おうと思っています。脇田さんは、家と物件の距離についてはどうお考えですか？<br>**成功のコツ11　私は「家の近くで買うこと」を正義だと思いません。私自身は実家も住まいも大阪ですが、物件は長崎に集中させています。** | P52 |
| Q　物件の所在地を一カ所に絞るのではなく、色々な場所に安い物件を持つという選択肢を考えています。注意点があれば教えてください。<br>**成功のコツ12　投資する地域は、2つか、多くても3つぐらいに絞る方がスケールメリットを享受でき、運営のあらゆる局面でパフォーマンスが上がります。不動産投資は、物件価格だけで決まるわけではありません。トータルで考えることが重要です。** | P56 |
| Q　物件をネット等で探しているのですが、築30～40年やかなり築年数が経っている物件が多く、買って良いものか分かりません。脇田さんは築何年までなら買う等、決めていますか？<br>**成功のコツ13　古さは気にしません。築年数と物件の価値は連動しないと思っています。** | P58 |

Q　安い物件の中にはしばしば事故物件があります。その場所に怨念が残るようなケースでなければ、購入してもいいような気がしますが、脇田さんはどう思われますか？　また、お祓い等はしていますか？

**成功のコツ19**　私自身は、超常現象は信じていません。ただ、気にする人もいるので、病死の物件は買いますが、刑事事件になった物件は買わないようにしています。お祓いは神社に頼めば2万円程度で来てくれます。



Q　ただで家を譲ってもらえそうです。何か注意点はあるでしょうか？

**成功のコツ20**　無料で不動産を譲り受けると贈与税が発生してしまいます。私はそういう場合、5千円程度の価格を設定し、売買契約をするようにしています。



# 第3章
# 不動産会社を味方につけて物件を安く買う“7つ”のコツ

Q　過去の著書で、「不動産投資の最大のリスクは無知であることと、高く買ってしまうこと」と書かれていましたが、勉強ではわからない「安く買う」コツを教えてください。

**成功のコツ21**　私が初心者の頃にやっていたのは、ネットで狙ったエリアの物件を安い順に並べて、機械的に問い合わせを入れるというやり方です。



Q　不動産会社に電話をかけて、「ボロ物件を紹介して欲しい」とお願いしても、いい返事がもらえません。どういう言い方をすればいいでしょうか？

**成功のコツ22**　不動産会社さんは、安い物件の紹介を頼まれることにうんざりしています。電話では時間をかけず、まずはアポイントを取って、実際に会ってから話を進めましょう。

# 第4章
# 【ワッキー流】
# 長崎のボロ物件投資で利益を出す
# “10コ”のコツ

Q　不動産投資の教科書的な本を見ると、「人口が増えているところ」「県庁所在地」等と書いてあることが多いですが、脇田さんが買っている長崎は人口が減っているのにうまくいっているように見えます。それはなぜでしょうか？

**成功のコツ28**　想定した家賃が安定的にしっかり入ってくることが重要で、それを満たしていたら人口が減っていようが、地方だろうが、地価が高かろうが安かろうが、関係ないと考えています。　P100

Q　脇田さんは戸建てを5万円など非常に安く買われていますが、一番の秘訣はなんですか？　また、今のやり方で長期的に賃貸経営をすることのリスクについて、どうお考えですか？

**成功のコツ29**　安く買える理由は、私が買う物件の特殊要因（階段立地のボロ物件）にあります。需要もあり、今後も十分賃貸経営の可能性があると思っています。　P104

Q　長崎で中古戸建てを買いたいと思っています。利回り○%以下はやめた方がいいなど、初心者が物件を買うときの数値の目安があれば教えてください。

**成功のコツ30**　「利回り」という言葉には、いろんな定義付けがあります。「表面利回り」もあれば、「実質利回り」もあるので、ご自分の中で「利回り」という言葉を使う時の定義付けをしっかりと持っておきましょう。「瞬間最大風速利回り」に振り回されないようにしてください。　P108

Q　東京在住です。長崎の賃貸業に興味がありますが、頻繁には物件を見に行けません。遠隔地からの投資でうまくいくためのコツを教えてください。

**成功のコツ31**　おすすめは自主管理ですが、遠隔地投資の99%の人は管理会社に任せることを選んでいます。　P114

Q　地方の管理会社では効率重視のためかアパートのみを引き受けて、貸家は引き受けないところがあると聞きます。長崎では貸家の管理を引き受けてくれるところはありますか？

**成功のコツ37　「集合住宅以外は引き受けない」というところは多いです。ただ、引き受けてくれるところも複数あります。**

P131

# 第5章
# ボロ物件リフォームで失敗しない“12コ”のコツ

Q　検討物件の内覧の際にプロの大工さんに同行してもらうといいと聞き、実際に同行してもらいましたが「発注しないの？　失礼だ」と怒られました。何が悪かったのでしょうか？

**成功のコツ38　プロの職人さん（大工さん）は日当で働く人たちなので、タダで付き合ってもらおうというのは非常識です。電話でお願いする段階で、「半日一緒に物件を見てもらいたいのですが、いくらですか？」とお金について確認しておけば、トラブルにはなりません。**

P134

Q　リフォームをする前提で安い家を買う場合、リフォームをどこに頼むかが大切だと思います。いいリフォーム会社さんとダメなところを見つけるコツはありますか？

**成功のコツ39　ポイントはいくつかあります。相見積もりをとること。ボロ物件投資の趣旨を理解してくれて、相性の合う会社を選ぶことなどです。**

P136

| | |
|---|---|
| Q　過去にシロアリ被害のあったボロ物件を買う予定です。シロアリ予防の防除剤散布はやった方がいいでしょうか？<br>**成功のコツ44　木造築古物件は、常にシロアリの脅威にさらされています。シロアリの被害がなかった場合や、被害箇所を修繕し終わった後も油断は大敵です。コストと効果のバランスを考えながら、対策を講じましょう。** | P156 |
| Q　安かったので、床が少し傾いた家を買おうと思います。どのようなリフォームのやり方がありますか？<br>**成功のコツ45　基本的に、床が傾いた物件は購入しないほうがいいと思います。ただし、例外的に買ってもいい物件もあります。** | P160 |
| Q　ボロ物件には家具等の残置物があるケースが多く、その処理には一定のコストがかかると聞きました。安く処理する方法があれば教えてください。<br>**成功のコツ46　産廃処分の業者さんへ相見積をとり、ポイントを押さえて依頼すれば手間もコストもそれほどかかりません。** | P165 |
| Q　相見積をして一番安いリフォーム屋さんに仕事を頼んだところ、工事の途中で倒産してしまい非常に困ったことがあります。どこを注意すればよかったのでしょうか？<br>**成功のコツ47　初めてお願いする会社の場合は、実際の現場や働いている職人から評判を聞くなど、簡単にでも信用調査をすることをおすすめします。頼む場合も、いきなり大きな工事でなく、小さな工事を何度か任せて、人柄や腕などを見ながら段階を踏んでいきましょう。** | P169 |
| Q　いつも同じ業者に頼み続けていると、次第に価格が高くなると聞いたことがあります。脇田さんは毎回、相見積もりをとっていますか？　教えてください。<br>**成功のコツ48　楽をするとコストが上がります。同じところに頼むのは楽ですが、次第に価格が高くなるのは事実です。緊張感がなくならないよう、一つの会社や一人の職人さんに頼り切らないようにしましょう。** | P172 |

# 第6章 入居付け、セミリタイア、出口戦略 “6つ”のコツ

Q　脇田さんが今から不動産投資を始めてセミリタイアを目指すなら、どんな物件を買いますか？　ボロ物件投資だとスピードが遅いと思うのですが・・・。

**成功のコツ53　長崎のボロ物件投資であれば、自分の利益になるものにだけお金を払いながら、効率よく進めていくことができます。ですので、今からセミリタイアを目指して始める場合でも、現在のボロ物件投資をもう一度選ぶと思います。**　P184

Q　できるだけ早く給料以上のキャッシュフローを得てセミリタイアしたいと考えています。そのためには売却する物件も必要だと思うのですが、基準があれば教えてください。

**成功のコツ54　私は全部の物件をホールドする（売らない）つもりで買っています。ただし、いざ売る必要があれば、きちんとリフォームしてあれば売りやすいのも、ボロ物件投資のいいところです。**　P187

Q　脇田さんは、サラリーマン時代からこれまで13年間不動産投資を続けられて無事安泰と聞きました。経験からうまくいく人、失敗しやすい人の特徴などあれば教えてください。

**成功のコツ55　相手の事を考え、利害関係者の利益を優先できるかどうか、泥臭いコミュニケーションで人間関係を築いていけるかどうか。同じ金額で得られる効果を最大化すると、累積で大きな差になってきます。**　P190

あとがき …… 193

# 第1章
# 不動産投資をスムーズにスタートする“9つ”のコツ

## Q

初心者です。不動産投資の勉強会に入った方がいいか迷っています。勉強会を選ぶときの注意点があれば教えてください。

### 成功のコツ 1

## 勉強会に行く前に本を読んで不動産投資の仕組みを理解しましょう。

初心者の場合はいきなり勉強会に行くのではなく、まずは不動産投資の本をたくさん読んで、不動産投資の仕組みを理解しましょう。

新築、中古、戸建て、アパート、マンション、区分所有、借地権、レジ、テナント、駐車場・・・と不動産投資にも様々な手法があります。

本は安いので、量を読むことで不動産投資の仕組みを理解し、「自分に向いているな」と思うジャンルが見付かったら、そのジャンルに詳しい人に学んだり、そのジャンルについて深掘りできる勉強会を選んで行ってみたら良いと思います。

本を選ぶ時の注意点ですが、不動産投資本のような実用書は、ある情報を人に伝えるために書かれています。

「読んでいる読者が知らないこと」を伝えようと思ったら、やはり概念的なことをまず体系立てて説明した上で、その概念をより具体的なエピソードで補完して、二段階目で説明する・・この段階を踏むからこそ、伝わるのです。

定量的、定性的に伝えることが重要だということです。

しかし、中にはそうではない本もあります。

内容が薄っぺらいと感じる本は、「ストーリーがない・概念だけ」もしくは、「ストーリーだけで概念がない」というものが多いようです。

ストーリーがない場合、もしかしたら自分が実際にはやっていないことを書いている可能性もあります。

また、ストーリーだけの本、例えば、「ど素人の自分でも、信頼できるプロにお任せで簡単に成功できた！」というような不動産本も多くありますが、実は著者はその不動産会社のお客さんで、広告塔になっているだけというケースも少なくありません。

実際は不動産会社の宣伝本というわけです。

こういう本も一つの体験談として見ることはできると思いますが、その著者の勉強会にお金を払って行っても、結局はその不動産会社のお客さんになるだけです。

ここからは注意点です。

今は色々な不動産投資の勉強会があります。値段もピンキリで、数千円のところもあれば、100万円以上の年会費が必要な高額塾もあります。

不動産投資を始める前に一定レベルの知識を得るための勉強は不可欠です。

勉強会を通して多くの友人知人を作り、情報交換できるというメリットもあるでしょう。

しかし、勉強会を選ぶ際には、本と同じでそのバックに何があるのかに十分注意してください。

「高額の勉強会であるほど良い情報が得られるだろう」と思うかもしれませんが、値段と内容は比例するものではありません。実際には、その勉強会の主催者や幹部が特定の不動産会社から頼まれて売却物件を紹介し、バックマージンをもらっていたり、主催者や先輩会員の所有物件の売却先（出口）にされてしまったりするケースもあるようです。

貴重な自己資金を高額塾につぎ込むことで、かえって物件購入が遠のいたり、無理

〈できるだけ多くの投資家の本を読む〉

“5万円”以下の「ボロ戸建て」で、今すぐはじめる不動産投資！
ボロ戸建専門大家
脇田雄太
令和時代に合った不動産投資！
少額現金からどんどん副収入アップ！
空室知らずの客付け＆リフォーム術！
激増する地方の空き家狙いの物件選び！

“5万円”以下の「ボロ戸建て」で、今すぐはじめる不動産投資！／脇田雄太（ごま書房新社）

少額現金ではじめる！
「中古1R《ルーム》マンション」
堅実投資術
兼業大家
芦沢晃《あしざわ あきら》
24年間かけて現金で57室買い進めた！
初心者でも成功する“借金なし”“手間なし”投資を伝授！

少額現金ではじめる！「中古1Rマンション」堅実投資術／芦沢晃（ごま書房新社）

「資金100万円」からドンドン収入を増やす不動産投資術！
ふんどし王子 著
高卒製造業のワタシが31歳で家賃年収1750万円になった方法！
24歳からはじめて、31歳で大成功！
話題の若手「サラリーマン大家さん」のマル秘テクニックついに公開。
“加藤ひろゆき氏”“吉川英一氏”

高卒製造業のワタシが31歳で家賃年収1750万円になった方法！／ふんどし王子（ごま書房新社）

な融資に頼らざるを得なくなるようでは本末転倒です。

また、その塾がすすめている手法が、特定の個人の能力や運に依存したものだったり、融資状況やマーケットの状況が変わって今は実現不可能な物だったりする場合も、会費が無駄になる可能性が高くなります。

繰り返しになりますが、初心者の場合はいきなり勉強会に行くのではなく、まずは不動産投資の本をたくさん読むことを優先しましょう。

その上で、財布と相談して、最初のうちは高すぎないところにいくつか参加してみて様子をみる。そしてもっと情報が欲しいと思ったら、アップグレード会員になるなど、興味・関心に合わせて次の段階に進んでいけばいいと思います。

## Q

セミナーで勉強することから始めようと思っています。セミナーの選び方等の注意点があれば教えてください。

## 成功のコツ 2

**物件購入を急がせたり、投資家どうしの交流を禁止するなど、相手をコントロールしようとする主宰者のセミナーには要注意です。**

初心者がセミナーに参加する時に注意したいのは、一定の期間は「勉強のため」にセミナーや勉強会に行くと割り切って、実際の物件購入までには準備期間を設けるということです。

まずは広く浅く業界の動向を把握するために、様々な本を読み、セミナーや勉強会に参加するのです。

私自身の例をいうと、私が初心者だった頃は今のようにたくさんのセミナーや勉強会がなかったので、数えるほどしかそういうものには参加していません。

そのうちの一つが、さくら事務所の会長の長嶋修さんが主催されていたエクシードという勉強会だったのですが、これは素晴らしい経験だったと思っています。

何が良かったかというと、「色々な不動産投資のやり方があって、様々な分野で成功している人がいる」というのが分かったことです。

この勉強会は、不動産投資を実践している投資家たちが自分のやり方を紹介するというものでした。ですので、他の人がどんな物件をいくらで買い、どのくらい利益を出しているのか、もしくは苦労しているのかという情報がわかったのです。

そういうリアルタイムの情報は書籍等では得にくいですから、勉強会のメリットと言えると思います。

私が参加していたような投資家が講師を務めるセミナーではウソの情報という可能性は低いですが、業者が主催するセミナーではそうでない場合もあります。

ですから、セミナーでは聞いたことを全部鵜呑みにして信用しないようにする、という意識が大事です。

危ないセミナーの見分け方として、セミナーや勉強会の参加者どうし、会員どうしの交流を禁止しているという特徴があります。

また、「今、決断してください」「私が紹介した不動産会社から物件を購入してください」というように、相手をコントロールしようとするところも要注意です。

私は長崎でボロ物件投資をしていて、本の読者の方からコンサルを頼まれることがあります。

後でクレームになりたくないので、そういう方には、「これまで、不動産投資のセミナーや本で勉強はされましたか？」と聞くことにしています。

「はい、しました」という人もいれば、「まだ他に参加はしていませんが、自分で本を読んでもうビビッと来たので、脇田さんにお願いしたいと思いました」というような人もいます。

私はそういう人には、「他の投資手法も勉強してから来てください」と伝えています。

色々な情報がありますから「納得して来て欲しい」ということです。

付け加えると、私のところでは皆で一緒に物件を見に行くツアーをしたり、コンサルを受けている方どうしが交流をしたりするのも、各人の自由にお任せしています。

他の投資家が何をやっているかを知るのは、その人の勉強になるからです。

そういうことを嫌がるセミナーや勉強会は、なぜそうした相手の利益になることを禁止しているのでしょうか？　ちょっと考えたらわかりますよね。

そういう点にも違和感を持って欲しいですし、おかしいと思ったらお金を払った後でもそこから離れることも大事だと強く思います。

余談ですが、不動産投資の勉強はセミナーや勉強会に行かなくてもできます。

例えば私は、ハウスメーカーの見学会やマンションのモデルルームの内覧会によく出かけます。

空室のモデルルーム化のデザインやインテリアの勉強になるからです。

用がなくてもＩＫＥＡに行って、飾り付けの勉強をしたり、安く買える設備をチェックしたりもしています。

## Q

不動産投資の初心者を騙す人がいると聞きました。本当でしょうか？　どうすればそういう人を見抜けますか？

## 成功のコツ 3

残念な話ですが、「勉強会で騙された」という人は本当に多いです。ただ、私の意見としては「騙される方にも問題がある」と思います。

自己破産や自殺まで出た高額シェアハウスの「かぼちゃの馬車」を買ってしまった人たちは、最初はセミナーに参加したことから始まっています。

実際に、一つ目に行ったセミナーで物件を紹介されて、言われるがままに物件を購入して失敗した、という人が多いのです。

この業界に限らず、あくどいやり口で儲けようとする人は存在します。

厳しい言い方になりますが、そういう狼の群れの中に、羊が真っ裸で突っ込んで行って、「身ぐるみ剥がされました、騙されました・・・エーン」と泣いても、誰も同情はしないと思います。

投資というのは誰でもできるわけではありません。

騙されないためには、その投資に関する最低限のリテラシーが必要で、やはり本をたくさん読むというのが大事だと思います。

数を読んでいく中で、「不動産投資のセオリー」というか、「一定の勝ち方」が見えてきます。

それを分かった上で勉強会等に行くことで、「この人は自分の都合のいいことばかり話しているな」「この人の言っていることには偏りがあるな」というようなことがわかるようになります。

同時に、「誰が何のためにやっている勉強会か、どんなバックがあるのか」ということも自然と分かるようになるはずです。

そうすれば、少なくとも「騙された」と後で後悔するような事態は避けられると思います。

ところが、実際には超初心者の段階でそういうセミナーや勉強会に行き、「もうここで決めなさい」と強く言われて、断りきれずに大金を支払う人がいるようです。

多分、サラリーマンや公務員の方は、周りにあまり悪い人がいないのだと思います。だから「世の中には自分を騙そうとする人がいる」「他人を不幸にしても平気な人がいる」ということを想像できないのでしょう。

しかし、不動産投資業界にはお金のために人を騙したり、嘘をついたりする人がたくさんいます。投資家同士も、いかにいい物件を入手して客付けしてもらうかの競争ですから、甘い世界ではありません。


基本的に、自分で勉強して、自分で選択をして、自分で責任を取るのが投資家です。人任せでやるようなものではないのです。

「私の言うとおりにすれば、お金持ちになれますよ」という人を信じて、その結果、「無駄なお金を払った」「騙された」と感じたとしても、自分がそれを選択したのですから、誰のせいにもできません。

投資の主体はあくまでも「自分」。その覚悟を持ってセミナーや勉強会に行けば、「騙された」と後で後悔するようなことはなくなるはずです。

少し話がそれますが、私は騙されてしまう人は、「世の中には上手い話があるに違いない」という前提で生きている人なのかもしれないと思います。

お金の勉強はすればするほど、「楽をして儲かるなんてありえない」「〝絶対に儲かる〟方法なんてない」ということがわかってきます。

そのためにも、大量のインプットが必要なのに、1冊目や2冊目の本、1回目や2回目のセミナーで言われたことを信じて失敗して、「騙された」というのは、本人にも問題があると感じてしまいます。

メリットとデメリットはセットですし、儲かる物にはリスクがあります。

今は色々な情報が簡単に入手できるのですから、様々な情報を100でも200でも1000でもインプットするうちに、そういったことは自然とわかるはずです。

その上で、自分に合うやり方を選ぶ中で「投資の手法」とか「投資家としての有り様」が決まっていくのではないでしょうか。

「誰かに決めて欲しい」「答えを教えて欲しい」という人は、投資には向いていないと言えると思います。

## Q

不動産投資を始めたいと妻に相談したところ、反対されました。使うのは自分の貯金とはいえ勝手に始めることに抵抗があります。脇田さんならどうしますか?

## 成功のコツ 4

**まずは一戸やってみて、実際に家賃が入ってくるのを配偶者に見せてあげましょう。**

そもそも反対する妻とは結婚しないというのが一番ですが、結婚してから不動産投資を始めようと思った方も多いでしょうから、これを言っても仕方ありません（笑）。強く反対しているわけではないけど応援もしてくれないという場合には、他の上手くいっている方の事例を知ることで不安が解消されることがあるようです。

具体的には夫婦でセミナーに一緒に参加するとか、大家さんが集まる食事会に配偶者を連れていくとか、そういったことが考えられると思います。

「怪しい人ばっかりだと思ったら、いい人ばっかりで安心した」となるケースは珍しくありません。

もう一つよく聞くのが、まずは黙って少額で一戸やってみて、実際に家賃が入ってきたら、「実は一戸買っていて、家賃がこれだけ入ってくるんだ」と通帳を見せるという方法です。

反対する方は不動産投資のことを理解して反対しているのではなく、不動産投資のことがよくわからないという不安感から反対しているケースがほとんどです。

やはり反対している時点で失敗することを前提に考えているのでしょう。

実際に家賃が入ってくる様子を見せることで、「これだったら上手くいきそうだ」と不安が消えて、考えがガラリと変わるわけです。

そういう配偶者の賛同を得られにくい方にも、ボロ物件投資はおすすめです。

自分名義の貯金を使って現金で数百万円で始めるなら、投資も家族関係も破綻するリスクは限定されます。

実際にうまくいくなら家計にもプラスになりますし、反対する理由はないと思います。

それでも反対で「不動産投資をするなら離婚する」というのであれば、そもそもの関係がうまくいっていなかったのではないでしょうか。

この場合は不動産投資よりまず、夫婦関係から立て直す必要があるのかもしれません。


ここからは余談になりますが、「脇田さん、私はどうしても不動産投資をしたいんですが、妻が反対しているんです。説得してくれませんか」と奥さんを連れて長崎に来る人がいます。

私としては「反対」と言いつつ長崎まで一緒に来るということは、興味がゼロではないのだろうと思います。そこで無理に説得するようなことはせず、私の所有物件を見てもらったり他の方の事例を伝えたりしています。

すると半分ぐらいの方が、「これなら大丈夫そうですね。ぜひ自分たちも長崎でボロ物件投資を始めたいので、教えていただけませんか?」と考えを変えられます。

つまり、奥さんはよくわからないから反対していただけということです。

ちなみに奥さんが先に不動産投資をやっていて、旦那さんが反対しているというケースもあります。

解決方法は一緒で、女性の方も基本的には自分のお金で小さく始めてうまくいっていることを相手に伝えるというのが有効なようです。

Q

不動産投資について友人に相談したところ、「地方の古い家に賃貸需要なんてあるはずない！　騙されている」と言われました。どう思われますか？

成功のコツ　5

他人の「意見」に振り回されないで、「事実」を当たりましょう。その地域の賃貸需要を肌身で知っているのは、地元の不動産会社さんです。また、その地域の相場に比べて割安感があれば、賃貸需要が少ない中でも勝ち残っていくことは可能です。

人それぞれの考えがあると思うので、その友人の方の仰ることについて論破することは避けたいと思います。

とはいえ、「地方の古い家に賃貸需要なんてあるはずがない」の「地方」と言っても様々ですし、「古い家」といっても立地だとか広さだとかリフォームの程度で色々ですから、その友人の方の発言はちょっと漠然とし過ぎているように思います。

そしてここが重要ですが、その友人の方が不動産投資をしていない方だとしたら、それは事実ではなく、単なる「意見」です。

人の話を聞くときはその内容が事実なのか意見なのかを見極めることが、とても大事だと私は思っています。

この質問者の方は不動産投資を始めたくて、そのための情報を集めているのでしょう。だとしたら、聞くべき相手を間違えています。

集めるべきは「意見」ではなく、「事実」です。

そして、事実を知っているのは投資物件を買おうとしている地域の不動産会社さんです。

地域の不動産会社さんに、「こういう立地の、こういう広さの、こういうリフォームを施した家の需要はどうですか?」という質問をしてみたら、「それと同じようなスペックの貸家が最近、6万円で埋まりましたよ」「そのエリアは賃貸需要が薄いので、4万円でも時間がかかります」といった「事実」がわかります。

この事実を元に、不動産投資をそのエリアでやるかどうか、やるならどんな物件を選ぶのがいいかなどを決めていけばいいのです。

これは不動産投資に限った話ではないのですが、他人の意見に振り回されないで、事実を当たりましょう。

ちなみに私は物件を購入する際には、地元の不動産屋さんに「こういう家を買う予定なのですが、貸したらいくらになりますか？」と必ず事前にヒアリングをします。間違ってもその地域の事も知らない、物件の事も知らない、不動産の事もよく知らないという人に、相談したりはしません。

築古でも適切にリフォームすれば借りたい人は多い

その上で、例えば「5万円」と言われたらその9掛けの4万5000円で貸しても回るような値段で買うようにしています。

その地域の相場に比べて割安感があれば、賃貸需要が少ない中でも勝ち残っていけるからです。

そして実際、私の所有物件の入居率は、入れ替わりの期間（一度空いても次の入居まで1カ月はかかりません）を除けばほぼ100％です。

## Q 現状、貯金がありません。まずは種銭を作るところから始めたいのですが、アドバイスがあれば教えてください。

## 成功のコツ 6 毎月の貯金目標額を具体的な数字で決めて、実行していきましょう。

これまでの本にも書きましたが、自己資金をつくるポイントは2つです。

①支出を減らす
②毎月の貯蓄目標を立てる

支出を減らすことについては、家賃の安い家に住む、車を処分する、携帯電話を格安のものに変える等、色々な方法があります。

それについては様々な情報があるので自分で調べて実行してみてください。

私自身も貯金に励んでいた頃は、昼は牛丼、服はユニクロで住まいは会社の寮にずっとお世話になっていました。

貯金のコツですが、「お金を貯める」というざっくりとした目標ではなくて、具体的な数値の入っている目標を立てることが重要です。

私の場合は新入社員の22～23歳だった時から「月10万円貯める」と決めて、実行していました。

その額は3万円でも15万円でも良いと思うのですが、とにかく数字を決めて実行することが大事です。

数字を決めると、例えば「月10万」と決めた瞬間に「年間120万円貯まる」、「4年後には480万円だからボロ物件が1軒買える」・・・というように、未来へのロードマップができます。

そうするとモチベーションも維持しやすくなるのです。

とはいえ、「月10万円貯める」というのは今の若者にとって、特に独り暮らしをして家賃を払っている人にとっては簡単ではないと思います。

よく言われることですが、所得の二極化が進んでおり、給料が多くない業界に進んでしまうとなかなか収入は増えません。

そんな中から頑張って毎月1万円を貯めたとしても、年に12万円。５００万円貯めるのに、40年かかってしまいます。

これでは事実上、不動産投資をスタートするのは不可能です。

そういう人は、週末のアルバイトやメルカリやヤフオクでモノを売るといった副業等も考えてみるといいでしょう。

私は大学時代からパソコン教室を開いたり、副業をしたりしてお金を貯めていました。種銭を作るところから不動産投資は始まっているということです。

ただし、お勤めの会社によっては副業禁止規定等に抵触する可能性もありますので、このあたりは自己責任でお願いします。

妻に借りる・夫に借りる、実家に借りる、義理の実家に借りる・・・という家庭内レバレッジの活用も一案だと思います。

## Q

**脇田さんの本を親に見せたところ、お金を貸してもらえることになりました。身内でのお金の貸し借りはアリだと思いますか？　その際の注意点があれば教えてください。**

## 成功のコツ 7

**身内の貸し借りであっても借用書（金銭消費貸借契約書）を作って、利子もちゃんと設定しましょう。税務署にも認めて貰えるような形式にすることが大事です。**

「身内でのお金の貸し借り」はアリだと思います。

私自身は「身内＝味方」という認識ですので、「トラブルになる」といったことを前提とした注意点は特に思い浮かびません。

貸してくれる身内がいるなら喜んで貸してもらって、少し増やして返してあげたらお互いにハッピーだと思います。

今は銀行の融資がつきにくい状況ですので、物件を買う時はもちろん、「最後にちょっとリフォーム代が足りない」とかいう時に貸してくれる身内がいると、本当に助かります。

ただし、中には身内がずっと味方とも限らないというケースもあるでしょうし（例えば義理の身内など）、後々の事を考えると税務署のことも考えないといけないとも

第1章
第2章
第3章
第4章
第5章
第6章

思います。

ですので、注意点としては身内の貸し借りであっても借用書（金銭消費貸借契約書）を作り、利子も設定することが大事だと思います。

そのあたりをしっかりしないと、後で贈与税などがかかってくるリスクがゼロではありません。

そういう意味では、税務署にも認めてもらえるような形式にしておくことが大事です。

## Q

物件を買うお金はありますが、リフォームするお金が十分ではありません。先に物件だけ買っておくのはアリだと思いますか？

## 成功のコツ 8

ボロ物件投資をすると決めているなら、物件だけ先に押さえても良いと思います。それがお金を貯めるモチベーションになる人もいます。

私が主戦場にしている長崎では、100万円以下で買える戸建てはそう珍しくありません。ネットで安い順に物件を並べれば、すぐに見つかると思います。

今あるお金でそれを買って、お金を貯めながらリフォームを進めるというのも一つのやり方です。DIYが得意な人なら、キレイに直して売却して、そのお金を元に次は物件代とリフォーム代を出せるかもしれません。

そういったやり方もあるので、自己資金が少ないという人も諦めずに、まず一歩を踏み出してみるといいと思います。

一戸を買って「よし、買ったぞ」と思って貯金を続けるのと、「500万円か、遠いな・・・」と思いながら残業するのとでは、モチベーションに大きな差ができます。

先にボロ物件を買ってリフォーム資金を貯めるのも一案

注意したいのは、お金が全くない状態で借金をして始めようと思わないことです。

自己資金ゼロでも借金ができた時代も確かにありましたが、彼らは自己資金を出さなかっただけで、貯金はありました。本当にお金がなかったわけではありません。「自己資金はゼロですが、お金を貸してください」といって銀行を回るのは時間の無駄です。

不動産投資をするときに、裏技のようなものを探したり、簡単に儲かる方法があるはずだ、という考えは捨てましょう。

種銭を作るのはラクではないかもしれません。しかし、しっかりと勉強して不動産投資を始めれば、お金は増えていきます。努力する甲斐はあると思いますし、私は努力してよかったです。

## Q

**不動産投資の勉強中です。商工会議所の人から、「そんなに甘い仕事ではない。やるなら宅建の資格を取った方がいい」と言われました。脇田さんはどう思いますか？**

## 成功のコツ 9

# 宅建の資格がなくても成功している投資家は多くいます。宅建をとれるぐらいの不動産関係の知識を身につけていることが今後の役に立つという意味だと思います。

商工会議所の方のアドバイスはまっとうで、間違っているとは思いません。

問題は、資格を持っているか、もしくは事業者登録をしているかということではなく、宅建をとれるぐらいの不動産関係の知識を身につけているかどうかということです。

実際には、不動産投資家で成功している人の中にも宅建の資格を持っていない人は多くいます。また、個人の不動産投資家が物件購入の為に融資を受けたり、物件に買い付けを入れたりする時に、資格の有無が影響したという話は聞いたことがありません。

ただし、知識がなければビジネスで不利になるのは、どの業界も同じです。

そういう意味で、宅建の資格を取れるくらいの知識を身につけることが今後の役に立つという意味で言っているのだと思います。

宅建の資格を取るかどうかはその人の考え方次第で、私はどちらでもいいと思います。

# 第2章
# 失敗しないための ボロ物件選び “11コ”のコツ

## Q

少額の物件を買って勉強したいと思っています。今、検討しているのは古い団地や小さな区分マンションです。そのような物件を買うときの注意点があれば教えてください。

## 成功のコツ 10

**小さく始めることには賛成ですが、区分は色々な制限がありますので、注意した方がいいと思います。**

この質問の中の「まずは少額の物件を買って勉強したい」という点には同意します。注意点ですが、古い団地や小さな区分マンションを購入する場合、共益費や修繕積立金がかかり、実質利回りが下がります。

これは空室期間中も出ていくお金ですので、実際にいくら残るのかをシビアに計算することが大事です。

また、建物全体を自分で所有していない物件はできることに限りがありますので、その点にも気を付けた方が良いでしょう。

「脇田さんは区分マンションを買ったことがありますか？」と聞かれることがありますが、あります。

長崎市の中心部にある約50平米の築40年超えの区分マンションを以前、50万円で買い、２００万円かけてリフォームをして賃貸に出しました。

利回りは実質で20％を超えています。

安く買えたのは残置物が満載だったのと、相続でその物件を引き継いだ息子さんがこの物件にまったく愛着がなくて、早く処分できるならいくらでもいいという考えだったからです。

また、広さがあったことも買おうと思った理由の一つです。

地方ではよっぽど立地のいい場所を除いては、狭い部屋の需要は年々減る傾向にあります。家賃も狭いもの、古いものから下がっていきます。

ですから、広さという面からの賃貸需要の調査も重要だと思います。

## Q

**最初の物件は何度も通うことになると思うので、自宅の近くで買おうと思っています。脇田さんは、家と物件の距離についてはどうお考えですか？**

## 成功のコツ 11

**私は「家の近くで買うこと」を正義だと思いません。私自身は実家も住まいも大阪ですが、物件は長崎に集中させています。**

私の場合は、物件が自宅から遠いことのデメリットと長崎で物件を買うメリットを比べた場合に、飛行機代を払ったり現地でスタッフを雇ったりするとしても、メリットが大きいと感じて長崎を選びました。

一度長崎に行けば集中して物件を回れますし、ある程度利回りも高いので総合的にはプラスという判断です。

たぶん、人間の本能に「大切なものは近くに置いておきたい」という感覚があるのだと思います。だから、家の近くに物件を持ちたいのでしょう。

しかし、「不動産投資」で重要なのは「安定的に利益を上げる」ことです。

その視点からすると、自宅と物件の距離は関係ありません。

むしろ、そこにこだわるとマイナスになる可能性の方が高いといえます。

「良い物件」、つまり「投資として良い物件」というのはそんなにたくさんあるわけではありません。

要は、貴重な物件を頑張って探して手に入れていかないといけないわけです。

そんな数少ない「儲かる物件」を探そうと思ったら、広い範囲から探すのと狭い範囲から探すのでは、どちらが見付かりやすいでしょうか？

言うまでもなく、広い範囲から探した方が見付かりやすいですよね。

それなのに、スタート以前の最初のフィルタリングで、「自分の家の近く」と決めてしまうことに私は疑問を感じます。


なぜこんなことを言うかと言うと、私自身も最初は家の近くで物件を探したからです。

最初の物件は大阪です。

次第に大阪の物件が高くなってきたので京都で探したのですが良いものがなく、奈良や和歌山にまで物件を探しに行きました。

しかし、そんなことをしているうちに、こんなにバラバラの場所で探しても、買えたとしても管理が大変で続かないだろうと思ってやめたのです。

その上で「もっと集中的に投資できる場所を探そう」と思い、当時、高利回りが狙えて入居率も悪くなかった仙台と長崎を見に行って結局、長崎に絞りました。

今では自宅から740キロ離れた長崎に100戸以上を所有しています。

この話をすると、「脇田さん、大阪だって安い物件があるじゃないですか？」と言われることがあります。

確かに大阪は他の大都市と比べて、文化住宅とか借地権の物件など、割安に購入できる投資物件は見つかりやすいといえます。

しかし、その大阪も私が物件を買っている長崎市と比べたら、利回りも低いですし物件価格も高いのです。

私自身は、「お金を増やす」という目的にフォーカスするなら、エリアにこだわる意味はあまりないという考えです。

同じ労力を使って同じ種を撒いて畑を耕すとして、大阪の畑では8000円しか収穫できないのに長崎の畑では1万2000円収穫できるとしたら、どちらを選ぶか、ということです。

「地元だから利回りが5％下がっても良いのか」という風に考えたとき、私の答えは「NO」なのです。

ただ、私はこの十何年、ずっと「不動産投資で成功するためには、自宅からの距離は関係無い」と言い続けているのですが、同じ質問をいまだに多く受けます。

結婚していて子どもができたりすると、「土日は潰せない」等の事情もあるでしょうから、仕方ない面もあるのでしょう。

そういう場合は、限られた範囲の中でベストを尽くすしかありません。

逆に言うと、自宅から遠い場所でもいいと割り切れる人が少ないから、いまだに長崎での投資はライバルが増えずに、成り立っているのだと思います。

**Q** 物件の所在地を一カ所に絞るのではなく、色々な場所に安い物件を持つという選択肢を考えています。注意点があれば教えてください。

## 成功のコツ 12

**投資する地域は、2つか、多くても3つぐらいに絞る方がスケールメリットを享受でき、運営のあらゆる局面でパフォーマンスが上がります。不動産投資は、物件価格だけで決まるわけではありません。トータルで考えることが重要です。**

色々な場所に物件を持つことには、良い面と悪い面があると思います。いい面からいうと、自然災害等が起きた時の「リスク分散になる」という効果があると思います。

ただし、デメリットもあります。私はこのデメリットの方が大きいと思うので、長崎に物件を集中させています。

デメリットについて解説します。まず、管理が煩雑になります。また、コストメリット・スケールメリットを発揮できないという問題も発生します。

この「スケールメリット」という言葉について少し深掘りします。

例えば、「発注する工事の量が多ければ、工事費が安くなる」というようなケースが分かりやすいと思うのですが、それ以外にも、客付けや、物件情報を紹介してもらう時にも、スケールメリットはものすごく効いてきます。

例えば同じ地域で、過去に毎月1軒買って、1年で12軒も買ってくれた人と、1年間で1軒しか買ってくれない人がいたら、営業マンは間違いなく12軒の人の方に、先に物件情報を持って行くと思います。

お得意様を優先したくなるのは、賃貸の入居付けの時も一緒です。

つまり、新規物件を掘り出す時にも、入居者の客付けをする時にも、リフォームをする時にも、あらゆる局面でスケールメリットが効いてくるのです。

「1カ所に絞る」ことでそこに地縁ができ、知り合いが増えて、紹介の紹介でどんどん良い情報が集まるようになります。

運営上でも、例えば大型台風や地震などの災害の後に物件の被害確認に行く場合にも、複数の物件がまとまっている方が断然効率はよくなります。

そういう意味で、場所を固めることのメリットは本当に大きいです。

その上で、私の結論ですが、投資する地域は2つか、多くても3つぐらいに絞っておく方がいいと思います。

例えば東京の人なら、東京近辺と長崎と、実家のある県などでしょうか。

質問者さんが、「安い物件を持つ」と言っているのは、「安く買った方が儲かるから」だと思います。

その効果を最大限に生かすためにも、何カ所かにまとめた方が何かと安くつき、さらに儲かる確率が上がるということです。

不動産投資は、物件価格だけで決まるわけではありません。トータルで考えることが重要です。

## Q

**物件をネット等で探しているのですが、築30~40年やかなり築年数が経っている物件が多く、買って良いものか分かりません。脇田さんは築何年までなら買う等、決めていますか?**

成功のコツ 13

## 古さは気にしません。築年数と物件の価値は連動しないと思っています。

築年数は気にしません。築100年でも200年でも、立地が良くて賃貸需要があり、リフォームをしても採算がとれる物件なら買います。

私は建物の価値は築年数とは関係ないと思っています。

古くても買った方がいい物件もあれば、新築でも買ってはいけない物件もあります。

実際に私は築年数不詳という物件を持っており、5・5万円で賃貸中です。

むしろ古い家は延べ床面積が広いものが多く、梁や柱等の躯体がしっかりしているものが多いので、私は好きです。

## Q

できるだけリスクを抑えた投資法を選択したいと思っています。ＲＣ造、重量鉄骨造、軽量鉄骨造、木造という区別があると思いますが、脇田さんのおすすめを教えてください。

### 成功のコツ 14

**考え方は人それぞれですが、私のおすすめは木造物件です。ＲＣ物件と木造物件の両方を所有していますが、ＲＣ物件は出ていくお金が多く、木造に比べると手残りが少ないと感じています。**

私が一棟目に買ったのは中古のＲＣ物件でしたが、買ってみると税金や修繕費等が高く、思ったほどお金が残らないとわかりました。

特に大きいのは固定資産税です。

例えば月の賃料収入が約１２０万円のＲＣ物件の固定資産税は年１００万円でした。

一方、月の賃料収入が約20万円の木造アパートの固定資産税は年３万円です。

RC物件：固定資産税約100万円／年
（賃料約120万円／月）

木造アパート：固定資産税約3万円程度／年
（賃料約20万円／月）

比較してみると、いかにＲＣ物件の固定資産税が高いかがわかると思います。

また、ＲＣ物件はリフォーム工事にもお金がかかります。特に水回りの配管が壁の中に入っている物件は修理をするときに壁を壊す必要があり、多額の費用がかかります。

一方、木造は木ですから必要なところだけを直せばいいので、コストも抑えられます。

売却の際も、ＲＣ物件は次の人に融資がつくかどうかに大きく左右されます。

一方、木造は現金で買える人も多く、高利回りで売りに出せば欲しい人は多いため、出口も取りやすいと感じています。

**Q**

**借地や再建築不可の物件は安く買えると聞きます。でも、いろいろと専門的知識も必要なようで初心者にはハードルが高く感じています。**

**成功のコツ 15**

**私個人は、借地・再建築不可、両方とも買っています。特に再建築不可の物件は大きなデメリットではないのに価格交渉の材料にできて、割安に購入できると考えています。**

私は借地・再建築不可の物件の両方とも買っています。

ボロ物件投資では融資を使わないため、安く買えて高く貸せれば問題はないというのがその理由です。

積極的にこれを探しているというわけではなく、他の物件と同じく、条件にあえば買うというスタンスです。

しかし、借地は所有権と比べたらマイナスポイントが多いと思っています。

権利も不安定ですし、毎月の借地料もかかります。ですので、それを上回る圧倒的なメリット、例えば超好立地とかではない限り、欲しいとは思いません。

再建築不可の物件に関しては、デメリットはそれほどないと思っています。

入居者さんは「この家は再建築不可なので借りたくありません」とか、「再建築不可なので賃料を安くしてください」と言うことはないからです。

実際に、所有物件の5％ぐらいは再建築不可物件です。

ただし、物件購入時に「再建築不可の物件なので安くして下さいよ」というように価格交渉の材料にはしています。

長崎では、平地にも階段立地にも再建築不可の物件はあります。

平地にある再建築不可物件は東京と同じようなイメージで、道路付けが悪くて、家に続く道の幅が2メートルに満たない物件です。

一方、階段立地にある再建築不可物件というのは少し事情が異なります。

その物件が再建築不可なのか再建築可能なのかが、はっきりしないケースが多いのです。

建築基準法の42条何項道路みたいなものが数えきれないくらいあるため、実際に再建築したいとなって申請するまで、再建築がＯＫかどうか、わからないのです。

持ち主が「再建築したいんですけど」と役場に行くと、長崎市が法律をくまなく調べて、例外措置を含めたあらゆる手を駆使して、市民のために再建築の許可を出してくれようとします。

しかし、ダメな場合ももちろんあるわけです。

⬆もともとは長崎に多い階段立地だったが、幸運なことに、物件購入後に市の道路拡張事業によって物件前面の階段やスロープが軽自動車が入れる程度の幅に拡幅された

⬆軽自動車がギリギリ通れるか？　通れないか？　という道路は長崎には数多く存在する。道路の拡張工事の情報も、市役所や自治体のHP等で確認することができる

投資物件を買う時は、それでは不安だと思います。そこで、仲介に入ってくれる不動産会社さんが役所に問い合せをしてくれるのですが、その返事が面白いのです。

「建築基準法何条何項に基づき、再建築可とすることができるものと現時点では考えていますが、確定はできません。実際に再建築する時に申請を出していただき、建築審査会で審議の上、最終決定を伝えます」

つまり、その時にならないと分からないという内容です。

ただし、新築のハウスメーカーなどに聞いてみたところ、そのフレーズが出たら、ほぼ再建築できると考えていいということでした。

建築審査会というのは形だけ開くもので、開いたら9割9分再建築できる、ダメなものはそもそも開かないというのです。

とはいえ、物件を売買する時に「再建築可能」と確実にわかる文章が欲しいと、ほとんどの人は思うと思います。

ただし、そういう物件を求めると、価格は上がります。

「それなら安くしてもらえますか?」と言える人の方が、ボロ物件投資には向いていると思います。

Q

アパート経営のリスクには大家の経営努力で解決できないものもあると思います。そのようなリスクを回避するために、どのような工夫をしていますか？

## 成功のコツ 16

**自然災害や入居者の自殺、建物の問題で誰かにケガをさせるなど、様々なリスクがあります。しかし、保険に入ることでカバーできるので特に問題はないと考えています。**


賃貸経営をしていく上でのリスクについて考えてみましょう。

まず挙げられるのは、震災などのリスクです。地震や台風などの自然災害で建物が壊れるとか、屋根が飛ぶというようなリスクは十分にありえます。

この他に、建物の老朽化や管理不行き届きが原因で、例えば瓦が落ちて入居者さんや近隣の人にケガをさせてしまい、賠償責任を負うことになるというリスクが考えられます。

加えて、事故物件になるリスクもあるでしょう。事件、事故、自殺などがあって、次の入居者が決まらないということは全国で起きています。

ただ、これらのリスクのほとんどは、保険で解消できます。

ですから、リスクはありますが、火災保険と地震保険に入ることで解決できるということになります。

注意点として、一般的な地震保険では、民間の損保であったとしても火災保険の50％の額までしか入れません。

その点、東京海上の「超保険」は地震保険についても火災保険と同額の評価額まで補償してくれます。そういう地震保険を選んで入ることで、リスクはどんどん小さくなります。

他の方法としては、少額短期保険の地震保険で300万とか200万とかの保険が売っていますので、プラスアルファで入るのもいいでしょう。

都道府県民共済や全労済に入られている方は多いと思いますが、地震保険という点で見ると十分とは言えないので、地震が心配な場合、民間の保険に乗り換えを検討するのも手だと思います。

施設賠償責任保険は、管理者の管理不行き届きが原因で、第三者に対して賠償責任を負ったときに、その金額を補償してくれる保険です。

「ボロい物件を修理せずに貸したら雨どいが落ちて、入居者さんがケガをした」、「強風で瓦が飛んで、通行人がケガをした」、「梁が老朽化して折れて、中の人が圧死してしまった」というようなケースが考えられます。

私は、施設賠償責任保険には、絶対に入っておくべきという考えです。

火災保険、地震保険、施設賠償責任保険は賃貸経営に不可欠だと思っています。

保険は年々進化しています。最近は損保ジャパンの商品で、家賃が払われなくなった時の保険を特約で付けられるものもあります。

どういう時に使えるかと言うと、例えば警察や消防の指示で建物への出入りが制限されたときに、最大10カ月分まで払ってくれるというオプションが月数百円で付けられるのです。自殺や孤独死を保障してくれる保険もあります。そういうものに入っておくことで、もしもの時に備えることができます。

保険以外の方法としては、アパートと戸建てをミックスして所有するというのもリスクヘッジになると思っています。

アパートの一室で事故があればアパート全体の入居率に影響を及ぼしますが、戸建てを10軒持っている場合、どこかの物件で事故があったとしても別の戸建てには全く影響しません。また、天災を避けるという意味では、投資エリアを2カ所とか3カ所に分ける方法も考えられます。

## Q

**旧耐震物件を買って地震で入居者が被害にあった場合、オーナーが責任を問われると聞いたことがあります。初心者が旧耐震物件を買うことについてどう思いますか?**

## 成功のコツ 17

**建物新築当時の建築基準法に準拠していれば、オーナーの法的責任は問われないと考えています。**

まず、この「オーナーが責任を問われる」という前提の話ですが、私自身が調べた範囲では、そんな話は聞いたことがありません。

私の認識では、旧耐震とか新耐震とかは国が勝手に言っているだけの話で、建物の所有者は「その建物を新築した時点の建築基準法に準拠した建物」を建てていれば、その建物で何かあっても法的責任はないはずです。

阪神大震災で物件が崩れて、亡くなった入居者さんの遺族から損害賠償を請求された大家さんは、旧耐震だから責任を問われたのではなく、建築当時の建築基準法を守っていない物件を建てていたから責任を問われたのです。

そこを混同している人が多いと感じます。


とはいえ、私は建てた時に建築基準法に合致していた物件であっても、古い物件についてはリフォーム工事の時に耐震性を高めるための金具をつけるようにしています。数万円でできる工事です。

入居者さんの安全を守ることは、大家として当然のことだと思っています。

**Q** 古い家にはシロアリがいることが多いと聞きます。脇田さんはシロアリの被害がある家も買っていますか？

## 成功のコツ 18

**物件購入前にシロアリ被害の有無と修繕費用を確認しましょう。シロアリの駆除にかかる費用自体はそれほど大きなものではありません。**

雨漏りと並んで代表的な中古物件購入時のリスクの一つが「シロアリ」です。

築古のアパートや戸建てを検討中にシロアリの被害を見つけて、購入を断念したことがある人も多いかもしれません。

私の場合は、シロアリの被害があるというだけで物件の購入をやめるということはありません。

基本的には、「シロアリ被害があることを価格交渉の材料にして低価格で物件を取得し、問題部分の修繕と予防措置を低価格で行うことで利回りをアップする」という考え方で対応します。

私は物件購入時に建物を見学する場合は必ず、「シロアリ被害はないか?」という視点で室内を確認するようにしています。

・床に近い部分の柱などにシロアリの被害がないか?

・シロアリ予防駆除の施工痕がないか?

古い木造物件で蟻道が見つかることは珍しくない

見分け方ですが、シロアリそのものがいなくても、シロアリが活動している場所には、蟻道(ぎどう)という茶色っぽい蟻の通り道があるので素人でも見ただけですぐにわかります。

別の方法としては、室内に露出している柱などの木部を指先でノックするように叩いていくと、シロアリ被害がある箇所は、中身がスカスカになっていて返ってくる音が明らかに違います。この方法で、表面的にはわからない内部の被害をチェックすることができます。

また、その家が過去にシロアリによる被害を受けてい

戸建1階部分から2階床組みを見上げている写真。2階の床下部分に大きな蟻道が確認できる

同一建物1階床部分の写真。床材がシロアリに食べられ劣化している。このままでは賃貸に出すことはできないので一旦床材をはがし、下地をやり替えた上で再度フローリング等を施工し直す必要がある

た場合、床面に近い部分だけを新しい木材にやり換えている場合があります。

過去にシロアリにやられて一部分だけ木材が新しくなっている場合、現在は問題がなくても、またシロアリ被害が発生する確率が高いと考えた方が無難です。

初回の建物見学の際に、シロアリ被害らしきものを発見した場合は、案内してくださった売買仲介さんへ次のようにお願いするようにしています。

「前向きに検討したいので、後日改めて室内を見学させてもらえますか？　次回はリフォームの見積りのため、知り合いのリフォーム会社さんにも同行してもらいたいのですが構いませんか？」

ほとんどの場合、断られることはないはずです。

次に、大工さんに「シロアリ被害の可能性があります」と伝えて、現場で床下や天井裏など素人がチェックできない部分も見てもらい、大まかな修繕金額を算出してもらいます。

被害の程度にもよりますが、大工さんへ直接依頼すれば、我々が想像するよりも低価格で修繕できることがほとんどです。

私が過去に購入した5世帯のアパートにも、中程度のシロアリ被害（構造材以外のほとんどの部位に被害が発生）がありましたが、大工さんへお願いして、1世帯あたり15万円程度、1棟合わせて75万円程度でシロアリの被害にあった部分の木材を全て交換してもらうことができました。

このアパートはシロアリ被害があることもあって、2K×5世帯で150万円という低価格で購入できたため、75万円のコストをシロアリ被害の修繕にかけたとしても充分に「回る物件」に仕上げることができました。

# Q

安い物件の中にはしばしば事故物件があります。その場所に怨念が残るようなケースでなければ、購入してもいいような気がしますが、脇田さんはどう思われますか？　また、お祓い等はしていますか？

## 成功のコツ 19

**私自身は、超常現象は信じていません。ただ、気にする人もいるので、病死の物件は買いますが、刑事事件になった物件は買わないようにしています。お祓いは神社に頼めば2万円程度で来てくれます。**


私自身は、怨念や幽霊は信じていません。

ただ、幽霊がいると思っている人や、怨念が怖いと思っている人が世の中にいることは知っています。人間相手の商売をするわけですから、そういう人に関しても配慮が必要だと思います。

長崎でも都会と比べると相当少ないですが、事故物件はあります。

ただ、私は病死まで事故物件扱いにすることに違和感があります。昭和ぐらいまでは、みんな家で普通に死んでいました。自分のおじいちゃんやおばあちゃんを家で看取るなんてことは一般家庭で普通に行われていました。

そんなことを言ったら国内の築40年以上の物件なんて、ほとんど事故物件といえるのではないでしょうか。ですから、病死は何の問題もないと私は思っています。

一方で、殺人等の刑事事件になったものは買っていません。

ただ、病死だったとしても告知義務があるので、入居者への告知はきちんとしています。

社員や身内を一時的に住まわせるといった方法で、法律上ロンダリングをして告知義務を逃れる人がいると聞いたことがあります。

しかし、法律上の義務が消えても、実務上告知しなくていいわけではありません。

そういう家の近所にはおしゃべりな方がいて、入居者さんに、「この家で昔、おじいちゃんが亡くなったのよ」というような話を必ずします。

それを知った入居者さんが、「そんなのは聞いていなかった」と言って退去したり、クレームになったりすれば大変です。

そういうことはごまかさない方が、精神衛生上、いいと思います。

告知事項がある物件は最初、家賃を相場より安くして、入れ替わりが進むほど値引き幅を下げていきます。

最初は5千円下げていたものを、次は3千円、2千円と相場に近づけていくのです。

そういうことを繰り返してきたということもきちんと明記します。

「あなたは4回目の人だから、1000円だけ値引きさせていただきますね」

そこまで説明すれば誰も怒りません。

むしろ、そういう家賃の安い事故物件を探している人もいるくらいです。


お祓いについてですが、先述の通り、私は病死の物件は買っています。病死したことに対してお祓いをする必要があるのかどうかの正解はわかりませんが、私自身は気にしていないので、お祓いもしていません。

ただ、自分ではしていませんが、お祓いをした人の話は何回も聞いた事があります。

それによれば神社のサービスには3段階くらい値段があって、5千円くらい払えば神社に持っていった写真や図面などをお祓いしてくれるそうです。1万5千円とか2

万円のコースは、現地に来てお祓いまでしてくれると聞きました。

長崎では諏訪神社という、東京でいうと明治神宮くらい有名な神社がそのようなサービスを行っているそうです。

長崎はキリスト教の信者が多いので、ボロ物件の中からマリア様の像等、ゴミとして捨てにくいものが出てくることがあります。

私は正直、捨ててもいいと思うタイプですが、それを捨てたということを別の職人さんが聞いて怖がったり、私のことを罰当たりだと思う人がいたりすると困るのでやりません。

そういうものが出てきたら、「1万円払うから諏訪神社に持っていってください」と言って、適切な処分をお願いしています。

幽霊や怨念の話が出ると「信じていません、どうでもいいです」と言ってはいますが、神仏に対してどうでもいい対応をしたことは今まで一度もありません。

結局、人の気持ちが結果に結びつくこともあるからです。

## Q

ただで家を譲ってもらえそうです。何か注意点はあるでしょうか？

### 成功のコツ 20

**無料で不動産を譲り受けると贈与税が発生してしまいます。私はそういう場合、5千円程度の価格を設定し、売買契約をするようにしています。**

田舎では、「持っていても固定資産税がかかるし、誰も住んでいなくて、火事にでもなったら近所に迷惑がかかるから」等の理由で、「しっかりと管理してくれる人に、ただでいいから家を譲りたい」という話が舞い込んでくることは珍しくありません。

この時に注意したいのが、その家を直せば賃料がもらえそうかどうかをしっかりと見極めることです。

「ただで家がもらえるなんてラッキー！」というような単純な話ではありません。

ですから私は、そのようなお話を断ったケースも過去には何度もあります。

直せば賃料をもらえそうな場所の場合はもちろん前向きに検討しますが、その際に注意するのは、「タダで物件をもらわない」ということです。

なぜかというと、タダでもらうと役所が決めたその不動産の評価額を元に、「贈与税」が発生してしまうからです。そして、その金額はボロボロの家でも100万円を超えるようなこともあります。

一方、5千円でもいいので価格を付けて「購入」すれば、贈与税を支払う必要はありません。

ですので、私はタダでもらえる家でも、あえて5千円程度の価格を設定して売買契約をするようにしています。

# 第3章
# 不動産会社を味方につけて物件を安く買う“7つ”のコツ

## Q

過去の著書で、「不動産投資の最大のリスクは無知であることと、高く買ってしまうこと」と書かれていましたが、勉強ではわからない「安く買う」コツを教えてください。

## 成功のコツ 21

**私が初心者の頃にやっていたのは、ネットで狙ったエリアの物件を安い順に並べて、機械的に問い合わせを入れるというやり方です。**

一番のコツは、相手にとってメリットのある客になることです。

私が初心者の頃にやっていたのは、ネットで狙ったエリアの物件を安い順に並べて、機械的に問い合わせを入れるというやり方です。

そして、週末に現地に飛んで、売り物件をどんどん見せてもらっていました。

重要なのは、メールではなく電話をかけて、自分の基準に合えば買う気があることを伝えることです。

電話では、安くなりそうかの探りは入れますが、いきなり大きな指値を入れるようなことはしません。

とにかく現地に行って、担当者に会って、そこから情報をもらえる関係性を作ることに努めます。

不動産投資において、「情報」は「お金」と一緒だと、私は考えています。

より良い情報をより早く集めることが、大きな儲けにつながるのです。

情報の仕入先はインターネットや紹介など、さまざまなものがありますが、とりわけ物件購入については、人脈がモノを言うことが多いです。

そして、営業さんは一度会っただけの人、物件を買わなさそうな人、いい印象がない人にとっておきの物件情報を出すことはありません。

膨大な顧客リストの中から、「あの人にこの情報を出してあげたい！」と思われる人になるにはどうしたらいいか、そこを考えて行動することが安く物件を買うためのコツといえます。

インターネットはその場限りですが、培った人脈は一生ものです。

私はそうやって人脈を広げてきた結果、今では長崎の約70軒の不動産屋さんから情報をもらえるようになりました。

## Q

不動産会社に電話をかけて、「ボロ物件を紹介して欲しい」とお願いしても、いい返事がもらえません。どういう言い方をすればいいでしょうか？

## 成功のコツ 22

**不動産会社さんは、安い物件の紹介を頼まれることにうんざりしています。電話では時間をかけず、まずはアポイントを取って、実際に会ってから話を進めましょう。**

電話帳で不動産屋さんの番号を探して、いきなり電話をかけて、「ボロ戸建てを紹介してください」と言うとします。

別に違法ではありませんし、言うのは自由なのでいいのですが、先方の気持ちになって考えると、決して嬉しいものではないと思います。

特に、100万円以下のような安い物件を探していると言われたら、「面倒くさいなあ」と思われるのが普通です。

私は電話ではあまり余計な事は言いません。

「○日にそちらの近くに行くので、物件を見せてもらえませんか？」とアポイントだけ取って、サッと会いにいくようにしています。

不動産会社の人は、他の業界と比べると昭和っぽい感性の持ち主が多く、メールや電話で時間を取られるのは嫌そうなのに、直接会うことはそれほど嫌がらないものです。車で現地に連れて行ってくれて、1時間や2時間は普通に会って話をしてくれます。いつもそういうことをしているので、苦にならないのでしょう。

ただ、そうやって案内してもらっても、何も買わないケースがほとんどだと思います。そう言う時、私は別れ際に「お車代です」と言っていくらか渡していました。

また、不動産屋さんを選ぶときにもコツがあります。

エイブルやアパマンショップなどの大きいところは、他の投資家たちも訪問しているでしょう。それよりも、「小さくて昔ながらの不動産屋さん」みたいなお店を訪ねた方が、ライバルが減って印象に残る可能性が上がるのではないでしょうか。

## Q

**指値を入れる際の注意点があれば教えてください。毎回、リフォーム後利回りで20%を目指して指値を入れているのですが、なかなか通らず心が折れかけています。**

## 成功のコツ 23

**何度買い付けを入れても通らないということは、「ないもの」を探している可能性があります。好条件を狙い過ぎているのかもしれません。利回りにこだわりすぎると先に進めなくなることがあるので注意しましょう。**

「指値を何度も入れているのに、全然通らない」というのは、無茶をしているからです。

不動産投資は、「数打ちゃ当たる」のゲームではありません。

「都内のビルに100万円で指値を入れて、1万回断わられました」という人がいたら、「そんなの無理に決まっている」とわかるのに、ボロ戸建になると、相場から大きく外れているのに、「いつかきっと通るはず」と思ってしまう人がいるのが不思議

# 脇田雄太の活動紹介

**不動産投資を成功させるのにもっとも重要な要素は**
**――経験?知識?それとも才能?**

サラリーマン時代の副業からスタートして不動産投資歴は約12年、延べ400棟の中古ボロ物件と付き合ってきました。今や家賃収入だけで年間4000万円以上を稼ぎだす脇田雄太の答えは**いずれも「NO」**。明確な目標と、そしてあきらめない気持ちを持つことが、ゴールに到達するための条件です。

## ●コンサルティング

本書をはじめ、累計13冊の不動産書籍の著者である脇田雄太が、あなたのコンサルタントとして実際にあなたが長崎でボロ物件投資をはじめるためのお手伝いをいたします!

**～脇田雄太事務所へご相談いただくメリット～**

**★メリット1　メディアでも取り上げられたノウハウを直接活用できます**
**★メリット2　いつでも相談できるコンサルタントを持てます**
**★メリット3　脇田が長崎の現地で、直接アドバイスを差し上げます**
**★メリット4　中立的立場からの公正なアドバイスを受けられます**

お問い合わせ・詳細は以下URLより、お気軽にお問い合わせください。
**http://wakita.in/consulting**

## ●大好評!"ワッキー流"不動産投資ブログ

脇田雄太最新情報を更新中!
「情報満載のメルマガ」もこのブログから登録できます。

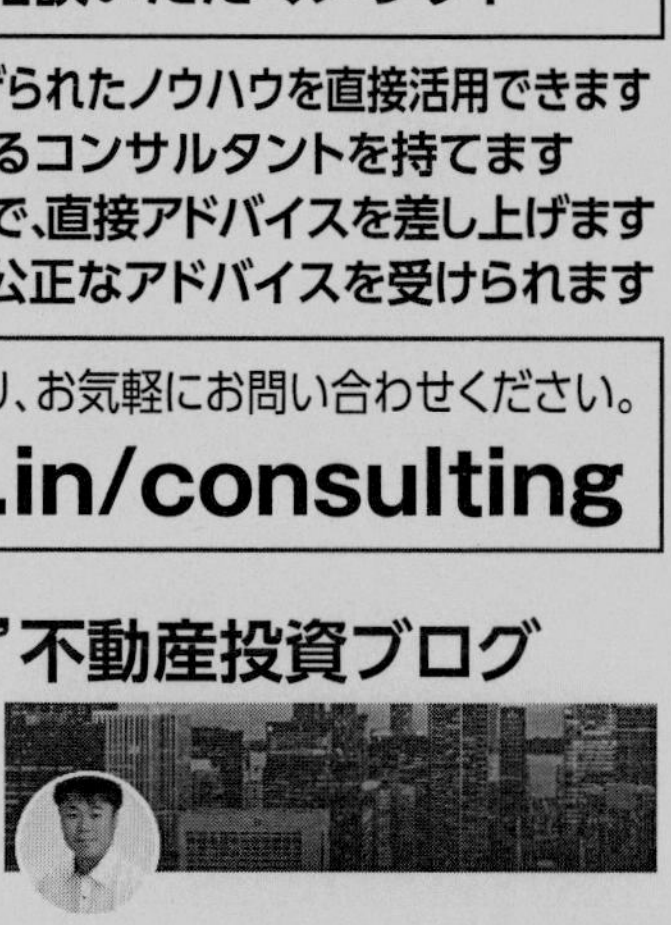

脇田雄太の「30万円」から始める不動産投資

脇田雄太ブログ で検索

スマホからアクセス!

https://profile.ameba.jp/ameba/wakitayuta

です。

例えば10件続けて通らなかったら、「これは自分の相場観がおかしいのかな?」と気付かないとダメだと思います。

ネットで利回り30%とか、50%とか書いている人たちは、計算の根拠までは書いていません。リフォーム後利回りでは、グンと低くなるかもしれません。

そう言う意味で、リフォーム後利回りで20%という数値目標を先に決めてしまうのはある意味、チャンスを狭めているともいえます。

リフォーム費用を計算に入れなければ20%の物件もボチボチ見つかるでしょうが、リフォームをしっかりする前提ですと、私でも20%いかないことはよくあります。

リフォーム後利回り20%で買える物件が、世の中にそんなにたくさんあるわけではないということを、まず、理解しておかないといけません。

家賃5万円の物件を1年持てば60万円入ります。

一年後に60万円指値を入れて買うのと、60万円高くても今買う方なら、今買う方を選んだほうがいいと思います。その一年で、実績を積み上げることができるからです。

買わなければお金は増えていきません。

儲からない物件を買ってはいけませんが、そこそこ儲かる物件なら、きっと見つかるはずです。

「荷物がたくさんある」「階段立地だ」「シロアリがいる」「雨漏りしている」といった、解決できるけれど他の人が嫌がるような物件を狙うのもポイントです。

買ってすぐに貸せるような物件は、初心者の人にはなかなか回ってきません。

また、リフォーム後利回りにこだわるなら、「リフォーム代が高すぎないか」もチェックする必要があります。

ポイントは2つで、「リフォームの単価が高くないか」という点と、「リフォームを過剰にやり過ぎていないか」という点です。

「リフォーム代が300万円と言われたけど、こっちを削れば200万円になる」という部分に気づかないまま、「とにかく安く買う」ことに意識がいってしまうと、壁にぶつかりやすくなると思います。

## Q

週末を利用して物件を探しに行こうと思っています。そのためにネットで問い合わせを入れて、内覧を申し込みたいのですが、どんな点に注意すればいいでしょうか?

## 成功のコツ 24

**現地に行く目的は、不動産屋さんとの人間関係づくりです。物件探しも大切ですが、それと同じくらい、不動産屋さんとの関係を深めることに時間を割くべきだと思います。**

私が長崎で不動産投資を始めた頃、質問者さんと同じように週末を利用して何度も長崎に行っていました。

その時に意識していたのは、「不動産会社さんと会って、人間関係をつくる」ということです。

もちろん、ネットで検索した物件も案内してもらっていましたが、それよりも長崎の業者さんと関係を作る方が優先順位は高かったです。

そうすることでネットに載せる前の物件情報をもらえるようになり、それ以降のボロ物件投資に大きく弾みをつけることになるからです。

例えば長崎を訪問する時に会うのは、1日に1人と決めていました。

1日に2人も3人も会っていたらゆっくりと会話をできず、関係を深められないからです。3人の業者さんと会うなら3日間、現地で時間を取ります。詰め込んでも、2日で3人くらいです。

また、私は出会った業者さんは絶対に食事に誘うと決めていました。

食事をしながら長崎の不動産の情報をもらうだけでなく、自分のことを知ってもらい、次の関係につなげていくのです。

正直な話、ネットで見つけた物件を見せてもらうことはきっかけというかおまけみたいなものと思っていました。

私が「物件より人が大事」といつも言っているのは、ネットに上がっている物件はあまりいいものがないと感じていることも関係しています。

もちろん私も初期のころはネットで探していましたが、今では圧倒的に、現地の業者さんから直接いただく情報の方が多くなっています。
最近は、ネットを見ると「自分が断った物件ばっかり載っているな」と感じるほどです。

**Q**

**不動産業者さんと親しくなって物件を紹介してもらいたいと考えています。不動産屋さんを食事に誘うとき、なんと言って切り出せばいいのでしょうか？**

**成功のコツ 25**

**物件を案内してもらっている時に、「この後、ご飯に行きませんか？」と誘います。相手が来やすいお店、来やすい時間を選ぶことも大事です。**

「どうやって不動産屋さんを食事に誘うんですか？」と質問されることがあるので、紹介します。

まず電話で「今週末、ネットに出ている長崎の物件を見せてもらいたいのですが、案内をお願いできますか」といってアポをとります。

そして、現地で会って、物件を見せてもらいながら、「この後、ご飯に行きませんか」と誘うと、7割～8割ぐらいはOKしてくれます。

誘い方もあると思います。

例えば昼間に会って、その日の夜の飛行機で帰るような場合、ご飯に誘っても中途半端な時間になってしまうため、「また次回、ゆっくり」となってしまいます。

それが、「実は街中のホテルに泊まっていて、今日の昼も空いているし、夜も空いているし、なんなら明日の昼も夜も空いています」となれば、相手も断りにくくなるし、都合もあいやすくなります。

不動産会社の近くのホテルを予約して、食事もその近くの店でするのがポイントです。不動産会社はだいたい街中にありますから、そこから徒歩数分で行ける店なら面倒がらずに来てくれます。

そこで仲良くなって、物件が入ってくるルートを作るのです。

ただ、「ネットに載っている物件を2～3軒見せてもらおう」ではなく、「この先、一生、自分に物件を紹介してくれる人に出会えるかもしれない」ぐらいの気持ちで臨むのです。
東京や大阪からせっかく来たのに最小限の日程で長崎に入って、誰とも食事をせずにトンボ帰りしている人を見ると、とてももったいないと思います。

**Q**

**不動産会社さんに喜ばれるお土産があれば教えてください。（お菓子、ビール、お酒など）**

## 成功のコツ 26

**賃貸の会社に持っていくのは、喜ばれるお土産よりも、印象に残るお土産がおすすめです。売買の場合は、お土産よりも謝礼金の方が効果的だと思います。**

「不動産会社さん」には一般的には「賃貸」と「売買」があります。
賃貸の場合は保存の効くペットボトルのジュースや缶コーヒーなどを、人数＋αぐらい買って店舗に持参すると喜ばれます。

ただ、私は保存の効くものよりも、アイスクリームやかき氷等のちょっと特殊なものが好きです。

これは別に喉を潤して欲しいわけでも涼しい気分になって欲しいからでもなく、自分の名前を憶えてもらいたいからです。

少し腹黒い話になりますが、面倒臭いものの方が印象に残りやすいのです。

店舗にある冷蔵庫は小さいので、全部が入りきらなかった時に「このままだと溶けてしまうから、○○さんがいないけど、食べちゃおう！」というようなやりとりが発生して、印象に残るわけです。

実際に、「夏になると脇田さんがアイスを持って来てくれるのが楽しみになっています。届いたらすぐに、みんなで食べるんですよ」といった話を聞くこともあります。

逆に、「喜ばれないお土産」みたいなのもあると思います。

例えば賃貸の仲介会社の場合は、高価過ぎるものや人数と合わないものです。

ロールケーキを1本持っていったりすると、誰かが切って、分けて、お皿を洗うことになりますから、かえって手間を増やしてしまいます。

「この店のケーキがおいしいんですよ」と言いたい気持ちもわかりますが、目的を考えれば、スタッフの人数の1・2倍とか1・5倍ぐらいの数で小分けしてあるものを選ぶ方が大事ではないでしょうか。

お土産を渡すポイントですが、「これあげるから、絶対決めてよ！」などと口に出すのはもちろん、表情にも出ないように気を付けた方がいいと思います。

「お菓子ぐらいで釣れると思うなよ」ということです。

「お世話になっている気持ちを届ける」という意識が大切です。

実際、お土産を持って行ったからと言って、空室がすぐに埋まるわけではありません。

不動産会社のゴリ押しで入居が決まるような時代はとっくの昔に終わっています。

しかし、「この入居者さんの希望、脇田さんの物件と、別の○○さんの物件と、両方の条件に当てはまるな。どっちをおすすめしようかな」となった時に、「この間、お土産をもらったし、脇田さんの方をプッシュするか」みたいなことは考えられます。

ちょっとした差ですが、ボディーブローのように効いてくると感じています。

一方、売買の方は全く違います。身もふたもない話ですが、彼らが喜ぶのは謝礼金です。

金額は相手の役職で変わってきます。

経営者の方なら現金で10万円単位です。雇われの方だったら、商品券の方がいいかもしれません。

ただ、雇われの方の場合は、仲良くなると売買の仲介に入ってくれなくなります。私が買うような安い物件は彼らにとっては手間ばかりかかるので、「物件情報を渡すから、後は自分でやって」となるのです。

そうなると、仲介をしてくれたお礼ではなく、情報をくれたお礼として謝礼を渡すことになります。

謝礼を渡すタイミングは、売買の場合は成約した時が基本です。

賃貸については、広告料はもちろん成果に応じて成約時に支払います。ただ、私の場合はもう数が多過ぎて、その都度お礼を渡していたら間に合わないので、定期的に食事会を開いて、彼らの好きな焼き肉をご馳走するとか、その帰りにお車代を渡すとかで、感謝の気持ちをプラスアルファで伝えています。

お中元やお歳暮も欠かしません。数が多いのでそれだけでも一仕事ですが、関係業者さんあっての賃貸業ですから、もう長い間、ずっと続けています。

Q

人見知りな性格です。不動産業者さんとの飲み会等を開いても盛り上げられそうにありません。どのようにして、距離を縮めたらいいでしょうか？

## 成功のコツ 27

別に盛り上がらなくても、自分の伝えたいことをきっちり伝えられたらOKです。先方も別に盛り上がりたいとは思っていません。

質問者の方は、飲み会というとワーワーやるイメージがあるのでしょう。

でも実際には、人見知りでもかまいません。盛り上がらなくてもいいのです。そもそも、先方も盛り上がりたいとは思っていません。

「この人はわざわざ飛行機に乗って長崎まで来て、俺たちとしゃべりたい、ご飯に行こうって言って来て、何がしたい人なんだろう？」

「自分たちはどう協力できるのかな。この人と付き合うことによって、不動産会社である自分達はどういう利益を得られるのかな」

不動産会社の人達は、こう考えてきてくれるわけです。

ですので、こちらも自分の伝えたいことを淡々と、きっちり伝えればいいのです。

「私はこういうことがしたいです。それに対して協力してくれたらこういう利益をあなたたちに渡します」

「物件を紹介してくれて、それが買えたら10万円払います。管理もお願いします」

「リフォーム会社を紹介してください。いい会社さんを紹介してくれたら、お礼をします」

そういったことを伝え、相手が協力してくれる体制を築くことが目的です。


そこで必要以上に盛り上がる必要もないですし、アルコールを飲む必要もありません。

なにも焼肉に行かなくても、近所のスターバックスでもいいのです。

私自身も、アルコールを飲まないことはよくあります。

バカ話をしなくても、一緒に楽しくご飯を食べて、伝えることを伝えれば十分です。

そもそも、人によっては接待なんかされたくない、それよりお車代の方が嬉しいという人もいます。

飲み会が目的ではありません。もっと本質的な所で行動してみてください。

# 第4章
# 【ワッキー流】長崎のボロ物件投資で利益を出す“10コ”のコツ

## Q

不動産投資の教科書的な本を見ると、「人口が増えているところ」「県庁所在地」等と書いてあることが多いですが、脇田さんが買っている長崎は人口が減っているのにうまくいっているように見えます。それはなぜでしょうか？

## 成功のコツ 28

**想定した家賃が安定的にしっかり入ってくることが重要で、それを満たしていたら人口が減っていようが、地方だろうが、地価が高かろうが安かろうが、関係ないと考えています。**

まず、この質問は「長崎の人口が減っている」という前提になっているのですが、この前提からして間違っています。

長崎県全体で見ると佐世保や離島なども全部入れているため、確かに人口はどんどん減っていて、今は150万人ぐらいです。

何十年か先までの人口推計を見てみると、さらに3割減になるとの想定ですので、今の150万人から100万人くらいに減る見込みです。

それを捉えて「減っている」といえばその通りなのですが、私がボロ物件投資をやっている階段立地の地域は、長崎県の長崎市、江戸時代に開発した旧中心地です。

そのエリアの２０４０年ぐらいまでの人口推計を見てみると、微増、もしくは横ばいとなっています。

人口動態を見る時は、地域を細かく見ないと参考になりません。

それに、そもそも人口減を理由にしたら、「日本での不動産投資はダメ」となってしまいます。

東京だって、23区もあれば八王子もあり、大島もあります。東京は２０２０年に5千人の転出超過といわれていますが、「それなら東京での不動産投資はやめよう」という人は少ないですよね。

私が物件を買うときは、人口が減っている・増えている、地価が高い・安いなどに関係なく、「その貸家から安定的に家賃が入る」ということを重視しています。

その結果、10年前から入居率は下がっていません。むしろ、上がっているぐらいです。

人口の増減の話について聞かれるとき、私が必ずする話があります。

それは、「長崎県は家が買えない人が多いので、人口動態に関わらず、貸家に住みたい人は増えている」という話です。

長崎県は、47都道府県で下から3番目ぐらいに可処分所得が少ない県です。高卒の新卒の初任給が13万円くらいなので、社保などいろいろ引かれて、手取りは9万円ぐらいという社会人が多くいます。

景気もよくありませんから、周りを見渡すと、「今後も可処分所得が上がる見込みがない、下がる見込みはあるけど・・・」という人たちばかりです。

そういう状況で、人々がどう動くかというと、平地の立派なマンションに9万円で住んでいた人は、「8万円のところに引っ越そうか」、「7万円のところを探そうか」ということになります。

平地の木造の普通のアパートに住んでいた人は、「これまで7万円だったけれど、6万円のところに住みたい」、「5万円の部屋を探そうか」と、どんどん家賃を下げていかざるを得ません。

とはいえ、家賃を下げるにも限界がありますので、自然とそういう人たちは「階段立地を視野に入れる」ことになります。

「階段立地さえ我慢すれば、広い戸建てに住める。広いアパートに住める。築古だけど、きれいにリフォームされた家に住める」となると、彼らにとっては魅力的なわけです。

これからの日本人は、二極化がさらに進んでいくと思っています。

中間層が減っていき、貧しい人はさらに貧しくなるし、お金持ちの人はさらにお金持ちになっていくでしょう。

そういう事情もあるので、階段立地はむしろ人気が上がっています。

私は自分がよく知っている長崎の話をしましたが、他の地方でもどこも同じような状況ではないでしょうか。

新築のＲＣマンションに住める人ばかりではありません。

こういう時代だからこそ、安く貸せるボロ物件の存在感が強まっているともいえるのです。

## Q

脇田さんは戸建てを5万円など非常に安く買われていますが、一番の秘訣はなんですか？　また、今のやり方で長期的に賃貸経営をすることのリスクについて、どうお考えですか？

## 成功のコツ29

**安く買える理由は、私が買う物件の特殊要因（階段立地のボロ物件）にあります。需要もあり、今後も十分賃貸経営の可能性があると思っています。**

私が長崎県で安く戸建てを買える理由は、いくつかあります。

1つ目は階段立地にあるということです。車が入れないため、マイカーを家の目の前に停めたい人たちには選ばれず、値段が下がります。

2つ目は築年数が経過しているからです。マイホームを探している方や他の不動産投資家の方は、「これは高額なリフォーム費用がかかりそうだ」と思って敬遠するため、安く買えます。

3つ目はずっと放置されていて、草木に覆われていたり害虫がたくさんいたりする状態になった物件を買うことが多いため、売主側が「商品」ではなく、「不要な家」というメンタリティーで売却するために安く買えます。

長崎は田舎で土地や不動産が余っているから値段が安いのだと思っている方が多いようですが、その前提は正しくありません。

例えば長崎市内の平地にある新築マンションを見ると、一番上の階の３ＬＤＫが５千万円くらいします。築15年ぐらいの中古マンションでも、２ＬＤＫで３千万くらいします。マンションは車が入るので、人気があって値下がりしにくいのです。

福岡から来た方が、「長崎って福岡よりもマンションが高いんですね！」と驚いていたほどです。

そもそも長崎は平地が全体の20％ぐらいしかなく、貴重で値崩れしないのです。マンションだけでなく、平地にある戸建ても、5千万~7千万円が珍しくない世界です。

経済的な事情などで平地の物件に住めない人が、階段立地の物件を選択します。

そして、そういう人たちは増えています。そのため、安い家を買って安く貸すというこの手法はうまくいっており、今後も安定した需要があると考えています。

私は１００戸以上長崎の物件を持っていますが、入居率は95％以上です。

物件に通じる唯一の接道。家の前の道が車が入らない階段という物件は長崎ではごく当たり前に存在する

物件下に新しく開通した新道。物件近くまで自動車が入ってこられるようになったので利便性が大きく向上した

先日、長崎を代表する企業である三菱重工の造船所の近くの町にある、山の上の築古戸建てを10万円で買いました。

その家は外観がボロボロすぎてなんとなく近寄りがたく、私に紹介してくれた不動産屋さんも、私を案内したにもかかわらず、現地では遠巻きに見ているだけでした（笑）。

私一人で中に入ると、解放感を感じるほど広く、これは借り手がつく、と確信しました。場所も長崎駅まで1・5㎞くらいで、新幹線ができたら、新幹線の駅まで歩いて行けそうな好立地です。

ボロボロですべての設備を取り換えるため、リフォームは300万円はかかりそうですが、家賃は5万円を見込めるので投資としては成功だと思います。

ちなみに商談当初は駐車場がなく、不便だったのでここまで価格が下がったのですが、商談成立後に近くに新しい道ができ、近隣に駐車場もオープンしたため、資産価値がグンと上がりました。

私自身も長崎で毎年10戸以上の激安戸建てを購入し続けています。その中には、5万円どころか1万円で購入した物件や0円で譲り受けた物件もあります。

このように特殊要因が重なる立地にはボロ戸建て投資に適した物件が数多く存在します。

※5万円以下戸建ての購入秘話については私の著書『"5万円"以下の「ボロ戸建て」で、今すぐはじめる不動産投資！』（ごま書房新社）で説明していますのでご参照ください。

3戸セットで5万円の物件。坂の途中だが、右に上っても左に下っても自動車の通る道につながっている。利便性の高い立地だった

山の上、汲み取りトイレ、雨漏りなど対策すべき箇所も多かったが立地がよく1万円で購入した戸建て

車道から階段を200段登った場所にあった5万円戸建て。リフォームも不要で、3万円の家賃で入居者が決まった

## Q

長崎で中古戸建てを買いたいと思っています。利回り○%以下はやめた方がいいなど、初心者が物件を買うときの数値の目安があれば教えてください。

## 成功のコツ 30

**「利回り」という言葉には、いろんな定義付けがあります。「表面利回り」もあれば、「実質利回り」もあるので、ご自分の中で「利回り」という言葉を使う時の定義付けをしっかりと持っておきましょう。「瞬間最大風速利回り」に振り回されないようにしてください。**

この質問は本当に多くいただきます。私の答えはいつも同じです。「利回り」という言葉は非常に曖昧なものなので、あまり気にしない方が良いということです。

「利回り」と言っても「表面利回り」もあれば「実質利回り」もあります。「実質」と言ってもどこまでを含めるか、その定義も人によって異なります。

前提条件が揃わないのに、数字だけが一人歩きすることの危険性を感じます。

そう言う意味では、私は「利回り」なんて一旦忘れた方が良いぐらいに考えています。

とはいえ、この本の読者の方は「ボロ戸建」に注目している時点で「利回り」を重視している方でしょうから、そんなことを急に言われても受け入れられないと思います。

ですから、不動産会社さんや売主さんなどから「利回り」の話が出た時には、「その利回りはどこまでの数字が入っているんですか？」と確認してみることから始めてみて欲しいと思います。

そうすると、たいていは「表面利回り」という返事が返ってくるでしょう。

すると、リフォーム費用や諸経費等で利回りは大きく変わってきます。

まれに、「実質利回り」である場合もあります。

これは通常は物件価格、仲介手数料、リフォーム代が加味されています。

しかし、私は実質利回りを計算する時は諸経費やリフォーム代はもちろん、火災保険や、物件を見に行くための飛行機代（交通費）までを含めて計算しています。

「利回り」の計算の仕方は本当に人それぞれということです。

ここで重要になるのは、「自分の中ではこの基準で利回りを評価する」という一貫した物差しをきちんと持っておくことです。

そうすると、「不動産屋さんは15％と言っているけど、自分の基準では９％だな」などと、頭の中で変換作業ができるようになります。

利回りの話をする時に、利回りの算出根拠、定義付けの話以外にももっと重要なことがあります。

それは、利回りは時間軸でも考えないといけないということです。

例えばある物件が「想定家賃５万円で20％の利回り」だとします。

実際に「５万円」で入居する人が現れて賃貸借契約を結んだ瞬間に、利回り計算としては確定します。

ただ、ここから先が重要で、入居が決まった瞬間に理論値が実現して不動産投資が成功する、というわけではありません。

その後、半年、1年、5年、10年とその物件を使った賃貸経営は続いていくわけです。

その間、本当に5万円が入って来るのか、不具合や設備の交換は発生しないか、という部分を見ないと、本当に儲かったかどうかなんてわからないのです。

お客さんが入居した瞬間の「最大瞬間風速利回り」が続くとは限らないのです。そのトラップに騙されないようにしないといけません。

私は長崎で物件を持ちたいという方が相談にやってきた時、利回りについて次のような説明をしています。

「私が不動産投資を始めた10年前は、利回り20%、30%、40%、100%というような数字を目指していましたし、実際にやっていました。本にも書いてありますし、嘘はついていません。

ただ、それは瞬間最大風速でした。実際に30%、50%と思っていた物件の5年後、7年後、10年後を今の私は知っています。

当時30%と思っていた物件も、10年経って実際に計算し直してみると、18%ぐらいになります。それはやっぱり、その後に修繕費が掛かったからです。

時間軸を長く取って見てみると、20%や30%なんてよっぽどのラッキーでもない限り、ありえません。そんなに甘いものではなかったということですね。

ですので、今はあえて最初の期待利回りを、15%前後に落としています。そうすると、長い目で見た時の収入のバランスが良くなります」。

実際に、高利回りを追求しようと最初に表面だけの「なんちゃってリフォーム」をして、後で困ったという話は本当によく聞きます。

「床・壁・天井はある程度キレイにしたけど、インフラ関係はボロボロのまま」という物件だと、人が住み始めてから、「上水管からサビ水が出てきました」「床下から白アリが湧いてきました」「台風の後、雨漏りしてきました」といったことが、しょっちゅう起こります。

人が住んでいる状態で工事をするのは大変です。

管理にも工事にも、余計に手間とお金が掛かってしまい、結局、利益を減らすことになりかねません。


それらを踏まえた上で、あえて私が目指す利回りの数字を出すなら、やはり最低でも実質10％は欲しいところです。

東京の新築だと今は7％くらいだと思いますが、それだと手残りは出ないのではないでしょうか。

東京の表面利回り7％は、私の基準に置き換えると0〜2％ぐらいになってしまいます。

これは東京が悪いという意味ではありません。利回りは資産価値とインカムゲインの天秤でもあるので、利回りだけの話をすることに意味はないのです。

東京の表面7％、私の基準でいうところの2％というような物件でも、資産価値はありますから、評価の高さや出口の固さといった強みがあります。

一方で、私の場合は長崎ですが、地方のボロ物件投資というのは資産価値は低いわけです。そう思うと、やっぱり実質で10％は確保すべきと思います。

資産価値の低い地方のボロ物件では利回りにこだわりたい

## Q

東京在住です。長崎の賃貸業に興味がありますが、頻繁には物件を見に行けません。遠隔地からの投資でうまくいくためのコツを教えてください。

## 成功のコツ 31

## おすすめは自主管理ですが、遠隔地投資の99％の人は管理会社に任せることを選んでいます。

自宅と遠い場所に収益物件を買った場合、管理の方法は2通りあります。

1つ目は、リモートで自主管理できるよう、スキルを習得して自主管理する方法です。

2つ目は、餅は餅屋で、管理会社さんに任せるという方法です。

その人の性格や好みや能力によって変わってくるので一概にどちらがいいとは言いにくいのですが、あえて持論を言うなら、おすすめは「自主管理」です。

私自身の例で言えば、基本的にすべての物件を自主管理しています。

戸数が増えて個人でやるにはあまりにも大変になったので、今では管理会社を作って社員も雇っています。

私のように、面倒なことやトラブルにも耐えられるタイプの人なら、自主管理は可能だと思います。

ただ、現実的にはほとんどの方が無理でしょう。というのも、会社員の方は時間的に不動産の管理に時間をとることが難しいからです。

やるとすると、色々なものが犠牲になります。仕事だったり、家庭だったり、自分の心の余裕が犠牲になるわけです。

管理費は通常家賃の5％かかります。そのコストと、自分の色々なものが犠牲になることのどちらを取るかと比べたときに、9割9分の方は、「管理費を払うから管理は現地のプロに任せる」という選択をします。


そんな中、100人に1人ぐらい、自主管理を選ぶ方がいます。

そういう人には2パターンあって、1つ目は物件の近くの職人さんやリフォーム会社さんとつながって、彼らと連絡をとりながら、自分で管理をしようというタイプの人です。

もう1つは、客付けをしてくれた賃貸仲介さんに、ただ乗りしようとする人です。

客付け会社さんによってはー次窓口をやってくれるところは確かにあります。

しかし、そういうセコいやり方では客付け会社さんにいい印象を持たれないので、後々、苦労することになると思います。

# Q

長崎で物件を取得するなら、近隣の月極駐車場をセットで押さえた方が良いときききました。駐車場の賃料相場はいくらくらいでしょうか？　また、駐車場なしではやはり入居は決まりにくいのでしょうか？

# 成功のコツ 32

## 駐車場はなくても決まりますが、あった方が間違いなく物件の価値が上がります。

駐車場はなくても決まりますが、あった方がベターです。長崎では生活保護の方を除くと、ほとんどの方が駐車場付きの物件を探しています。10人が内覧に来たとして、駐車場が不要の人は1人か2人程度です。これは戸建てでもファミリー向けのアパートでも同じです。

駐車場がない場合、入居付けに長い時間がかかることを覚悟しなければいけません。

ところが、安い物件は階段立地にあることが多く、駐車場はほとんどの場合、ついていません。そのため、私は物件を買った瞬間に近くの月極駐車場を探して連絡先が記載された看板の写真を撮影し、翌日には電話をかけて駐車場を押さえるようにしています。そして、「駐車場アリ」としてから物件の賃貸募集を始めます。

駐車場が確保できていると、リフォーム中はリフォーム業者さんに使ってもらえますし、不動産屋さんが物件案内に来るときも車を停められない物件は避ける傾向があるため、案内の数が増えます。色々な意味で、駐車場があることで賃貸物件の価値がアップするのです。

ちなみに長崎は平地が少ないため、月極駐車場の相場は高めです。軽自動車しか停められないようなところでもどんなに安くても6千円くらい、大型車を停められるところは1・8万円くらいします。街中では3万円以上するところも珍しくありません。

私はこの分の料金は家賃に「駐車場代」としてそのまま上乗せして回収しています。

また、常に駐車場が不足しているため、オーナーの中には強気な人もいます。

私も申し込みに行った時に「どこの人？」ときかれて、「大阪から来ました」と言うと、「よそ者には貸さない」と追い返されたことがあります。この時は、地元の人に紹介を頼むことで解決しました。

駐車場は家と違って、オーナー側が「来月から貸さない」といったら本当に追い出されてしまいます。そうならないよう、私は駐車場のオーナーにお歳暮やお中元も欠かさず送っています。

これは地方独特の慣習的なものですが、あらかじめ知っておいた方がいいと思います。

**Q**

**融資を受けて買ったＲＣ一棟マンションがあり、そのキャッシュフローで戸建てを買うことで、借金返済のリスクヘッジに充てることを考えています。何か注意点があれば教えてください。**

## 成功のコツ33

**ボロ物件といってもピンキリです。既に持っている物件の返済のリスクヘッジが目的であれば、安かろう悪かろうではなく、15年先を見通せるような状態までしっかりとリフォームをすることを念頭において、収支計画を立てた方がいいと思います。**

私も現金買いのボロ物件投資を始めたのは、フルローンで1億円近い中古ＲＣマンションを購入し、「この物件のローンが返済できなくなったらどうしよう」と不安になったのが理由でした。

私の物件は築年数が浅く、手を入れた後の利回りも13％ありました。入居率も95％ありましたが、それでも「この先、20年以上も毎月、40万円を超える返済を続けていけるだろうか・・・」と心配でした。

ですから、お気持ちはわかりますし、良いプランだと思います。

注意点としては、リスクヘッジを目的としているため、「早く現金で買った物件からの収入が欲しい」ということに頭がいきがちですが、ダメな戸建てを買わないように物件をしっかり吟味して欲しいということです。

ボロ物件のリフォームには、色々な考え方とやり方があります。

そして、リフォームの見積もりが１００万、３００万、５００万とあった場合、目先の出費を減らしたいがために最小限の１００万を選びがちです。

しかし、この価格ですと表層の部分しか直せないため、数年後に追加で２００万円、４００万円を使うことになる可能性が高くなります。

私の経験上、どのプランを選んでも10年単位で見てみると、結局は５００万円くらいかかります。

そういう事情を理解した上で、融資を受けて買った物件のリスクヘッジとしてこれからボロ物件投資をしたいのであれば、安かろう悪かろうでどんどん修繕がかかるボロ物件ではなく、手堅く稼げる物件を選び、稼働させることが重要です。

私はそのために何を重視しているかと言うと、立地です。

立地が良くて15年先も賃貸需要が見通せるような物件を、ある程度しっかりとリフォームをすることで、その先も着実に家賃収入を積み上げていくことができます。

とにかく安く仕上げることを優先したくなりがちですが、リスクヘッジとして始める以上、その投資自体が危ない橋を渡るようなものでは意味がありません。

○トイレアフター

賃料5万円以下のボロ物件投資であっても清潔な洋式便器と温水洗浄便座は必須設備

○トイレビフォー

築35年を超える物件には和式トイレが数多く存在する。今となっては入居付けに際して相当程度マイナスとなる

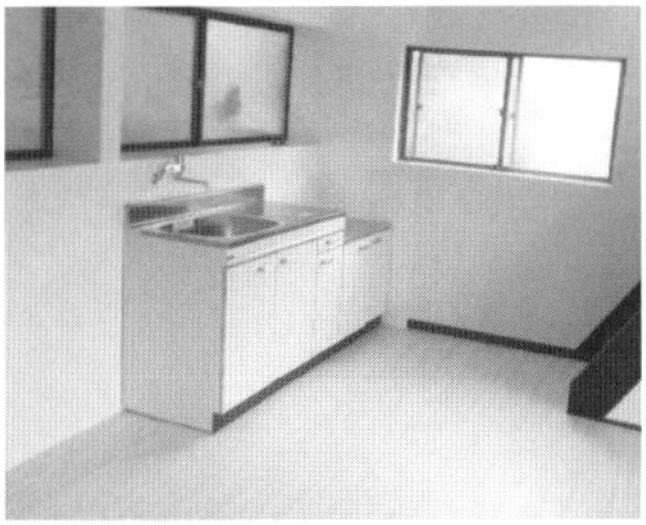

○台所アフター

4万円程度の公団用流し台とワンレバー水栓を組み合わせ、壁にキッチンパネルを施工するだけで近代的な台所に見える

○台所ビフォー

残置物満載、生活感も満載という状態で投げ売りされるボロ物件は意外と多く存在する。室内瞬間湯沸かし器の撤去と三点給湯化が必須

○風呂アフター

ユニットバスを導入すれば新築の分譲マンションと区別できないくらいの新築感を演出できるが、古い浴槽の解体・産廃処分など想像以上にコストがかかる。古い浴室に手を入れるか、ユニット化するかの判断は難しい

○風呂ビフォー

昔はよく見かけたタイル仕上げのお風呂。床にノンスキッドシートを施工し三点給湯化の上、傷んだエプロン部分にバスパネルを施工すれば現在でも充分通用する

利回りは驚くほど高くはなくても、「この物件はこの先も手固く稼いでくれる」という物件を増やし、そこからの収入がローン返済分に追いついた時の安心感は相当なものです。

**Q**

**長崎では坂の途中に家が多くありますが、がけ崩れのリスクなどは高くないのでしょうか？**

成功のコツ34

**私は階段立地にある物件を100戸以上持っていますが、がけ崩れの被害に遭ったことはありません。**

数年前に、大きな台風が九州を襲って大雨が降ったとき、長崎県内で地盤が崩れて家が転がって倒壊していくような映像が、全国ニュースで流れたことがありました。

しかし、これはレアケースです。

また、数年に一度、台風の被害で県内のどこかでがけ崩れが起きるといったニュースは、全国のあちこちで起きていることといえます。

私は今、階段立地にある物件を100戸以上持っていますが、がけ崩れの被害に遭ったことは一度もありません。

私がコンサルをしている投資家さんの物件を含めても、ゼロです。

ボロ物件投資というからには築30年、40年、50年の物件を取得することになりますが、これを逆から見れば、長い間、山の中腹にあってもしっかりと建っている実績がある物件ともいえます。

長崎の坂の上の物件は、山を削って新築分譲した若い新興住宅街とは全く異なります。ですから、私はこのリスクについてはほとんど心配していません。

とはいえ、「備えあれば憂いなし」ですので保険もかけています。

万が一、がけ崩れなどで事故が起こった場合に備えて、民間の損保の火災保険に付帯されている水災特約にも加入しているのです。

水災特約は家が水に浸かった時だけでなく、水のせいで地盤がゆるんで建物が倒壊したというような時にも使うことができます。

がけ崩れを気にしている人に、追加で伝えたいことがあります。
絶対にリスクを避けたいなら、がけの上やがけの近くの物件を買うのをやめるしかありません。他にも、「川の近くはやめましょう」とか、「軟弱地盤はやめましょう」ということになります。

これはいい方が難しいのですが、5万円とかそういうレベルのボロ物件を買って収益物件として仕上げる手法というのは、そういう「万一のこと」を気にする人には向かないのです。

逆に、そういったリスクを値引き交渉の材料に使って安く取得しようという人に向いた投資だと思います。

言い換えるなら、「リスクにこそ旨味がある」ということです。

リスクについて聞かれるたびに思うのは、「安全はただではない」ということです。
「リスクは絶対に避けたいね。安全な方がいいよね」という人には、「では、安全を得るために、あなたはいくら払えるのですか？」と聞いてみたいと思います。

人工地盤の上に立つ戸建。長崎では人工地盤は珍しくない

安全性と対価、そこをセットで考える必要があります。

地盤が固いところは高級住宅地で、土地値も高いのです。

そういう場所で不動産投資をするのも自由です。どのやり方を選ぶかは、各人が判断することです。

最後に補足ですが、崖の多い長崎では人工地盤の上に建つ物件がよくあり、ごく普通に取引されています。

融資を使う場合には通常の土地よりも評価が下がる場合もあるでしょうが、私は基本的に現金買いですので、立地がよくて賃貸需要がある場所なら、気にせず購入しています。

## Q

最近のニュースで、長崎での台風被害が増えている気がしています。長崎に物件を買った場合、台風の対策や被害があった場合の対応なども、管理会社さんに頼むことはできるのでしょうか？

## 成功のコツ 35

**台風が来る前にオーナーがやることはほとんどありません。台風後は、被害を見つけて保険を請求するという大切な仕事があります。**

確かに長崎での台風のニュースは近年、増えていますが、私の物件がある長崎の中心地では大きな被害は出ていません。

そして、台風前の対策というのは私自身はほぼ何もしません。

特に戸建ては必要なら入居者さんがやりますので、大家としてはやることがないのです。

時々「雨戸」をつけることで台風に備えているという話も聞きますが、自分の物件にはつけていません。もし台風で何かが飛んできてガラスが割れたとしても保険で直せますから、あまり意味がないように思います。

唯一、事前の対策をするとしたら工事中の物件です。工事の資材が置いてあったり足場がかかっていたりする場合、強風が吹くと吹き飛ばされるリスクがあるからです。具体的に何をするかというと、足場屋さんに「台風が来そうだから、足場養生をお願いしますね」という電話をかけます。

そうすると足場屋さんもプロなので、だいたい、「もうやってあります」とか、「明日の風速を調べたら、12メートルぐらいなので大丈夫と思うんですけど、一応しておきますか?」というような返事が返ってきます。

そこで、「一応頼みます」「じゃあ、いいです」というようなやりとりがあるわけです。

ただし、私は管理会社もしているのでお願いしていますが、オーナーの立場からすると、それはリフォーム屋さんが現場の判断でやることですから、あまり関係ないかもしれません。

台風というと、終わったあとの見回りの方が大事だと思います。

実際に去年もおとといもあったのですが、台風が明けたあとは私はスタッフと手分けをして全物件を見て回るので非常に忙しくなります。

こういうと、大事な物件が壊れていないかドキドキしながら見回りをしているのだろうと思われるかもしれません。

しかし、実際は逆です。というのも、被害があれば保険金が出るので嬉しいのです。「そんな、不謹慎な」と思う方もいるかもしれませんが、私の物件は買った後でしっかりと直すので、物件が吹き飛ばされて入居者さんがケガをするような可能性はほとんどありません。あるとしたら、小さな建物の被害です。

保険金はお見舞金などもあり、実際に使うリフォーム費用よりも多く出ることが多いのです。

私としてはそのお金で建物の価値を上げられるので、台風の後の見回りはある意味、宝探しのような気持ちです。もし、保険金をリフォームに使わずに他の用途に使ったとしても、ルール違反にはあたりません。

もちろん、全て適正な申請ですし、保険会社から何かいわれるということもありません。遠隔地に住むオーナーさんは直接、現地まで見に行くことは難しいでしょうから、現地の管理会社さんにチェックを頼むことになります。

## Q

長崎でボロ物件投資をしたいと考えていますが、地方の物件は積算評価が低く、融資がつきにくいと思います。現金を多く持っている人に向いた投資ということでしょうか？

## 成功のコツ 36

## 長崎（地方）のボロ物件投資は、基本的に現金でやるものです。

おっしゃるとおり、私が物件を買っている長崎は土地値が低く、融資はつきにくいです。ですので、私は長崎の物件はすべて現金で買っています。

だからこそ安く買えるし、高利回りが狙えます。

私は、ボロ物件投資は、とにかくリスクが低いのがメリットだと思っています。

そのリスクの低さには、「借金がない」ということも含まれます。

安く買って、ある程度の価格をかけてリフォームをして、相場よりも少し安い価格で貸し出すことで、着実に家賃が入ってくる。

昔の私がそうだったように、大家さんの中にはリフォーム費用を削減するために自分でできるところは自分でやる人もいます。

借金があればその間も返済が発生しますが、借金がなければ自分のペースでリフォームを進められます。

安い物件を買えるときに買っておいて、直したいときに直したい物件から直していく、というようなやり方をしても問題ありません。それも現金で買っているからです。すべて自分のペースでできるのが、現金買いのボロ物件投資のいいところなのです。

この現金をどう用意するかですが、多いのは先に借金をして買った一棟物を持っていて、そのキャッシュフローで戸建を買っている人たちです。

もちろん、コツコツと貯めた貯金でゆっくりと買い進めている方もいます。

とはいえ、長崎のボロ物件投資でも、融資を使いたいという方はいます。

地元の人なら、地銀や信用金庫を使って融資を受けることも可能だと思いますが、属性や物件にもよるので、私からはなんともいえないところです。

ひとつ可能性があるのは現金で買った後でリフォームローンを引くことです。リフォームローンなら、物件の積算評価は見られないからです。

実際に、私の知っている人でリフォームローンを使っている方もいます。

## Q

**地方の管理会社では効率重視のためかアパートのみを引き受けて、貸家は引き受けないところがあると聞きます。長崎では貸家の管理を引き受けてくれるところはありますか？**

## 成功のコツ 37

**「集合住宅以外は引き受けない」というところは多いです。ただ、引き受けてくれるところも複数あります。**

長崎市内の例でいうと、「集合住宅以外の管理は引き受けない」という管理会社は結構たくさんあります。

ただ、戸建ての管理を引き受けてくれるところも少なからず存在します。

その場合、管理費は家賃の5％ではなく、「一律5千円」、「一律3千円」というように、あらかじめ価格が決まっているところが大半です。

そのため、家賃が4万円なのに管理費が5千円になってしまうようなことも普通にあります。

実は私も初期の頃は管理を依頼していたのですが、今は自分の物件が増えたために、管理会社を作りました。今ではスタッフも雇っています。

私のコンサルを受けてくれた方や、私にリフォームを依頼された方はもちろんですが、読者の方や知り合いの紹介などでも、管理を依頼されれば基本的にお引き受けしています。

管理費は家賃の5%ですので、皆さんに喜ばれています。

# 第5章
# ボロ物件リフォームで失敗しない“12コ”のコツ

## Q

検討物件の内覧の際にプロの大工さんに同行してもらうといいと聞き、実際に同行してもらいましたが「発注しないの？　失礼だ」と怒られました。何が悪かったのでしょうか？

## 成功のコツ 38

**プロの職人さん（大工さん）は日当で働く人たちなので、タダで付き合ってもらおうというのは非常識です。電話でお願いする段階で、「半日一緒に物件を見てもらいたいのですが、いくらですか？」とお金について確認しておけば、トラブルにはなりません。**

その大工さんの言うことはもっともだと思います。大工さんは基本的に、人工（にんく）といって「一日あたりいくら」をもらって働く人たちです。

例えば地方なら、一日1万5千円～2万5千円くらい。東京なら3万円前後という風に、エリアによって相場が決まっています。

そういう働き方をしている人に時間を取ってもらうということは、仕事を発注するのと同じです。ですから、ついてきてもらってどこが悪いかを見てもらいたいなら、それにかかった時間分の日当を支払うべきなのです。

事前に電話で「半日一緒に見てもらいたいのですが、いくら払ったらいいですか?」と聞いておけば、このようなトラブルを防げるはずです。

余談ですが、もしかしたらこの質問者の方は、本の著者である私に、「言う通りにやったのに怒られた」と文句を言いたくてこのような質問をしてきたのかもしれません。

そうだとしたら、ちょっとまずいと思います。不動産投資家を目指す以前に社会人としての良識にかけているような気がするからです。

この質問を見ても、大工さんに怒られたことについて、「これから気をつけよう」と思うのではなく、「何が悪かったのでしょうか?」と人に聞いている点が心配です。

相手の立場になって考えれば、このような失敗は防げると思います。

Q

リフォームをする前提で安い家を買う場合、リフォームをどこに頼むかが大切だと思います。いいリフォーム会社さんとダメなところを見つけるコツはありますか？

成功のコツ 39

ポイントはいくつかあります。相見積もりをとること。ボロ物件投資の趣旨を理解してくれて、相性の合う会社を選ぶことなどです。


まず大切なのは、相見積もりを取ることです。

リフォーム費用は驚くほど、会社によって幅があるものだからです。

複数から見積もりをもらうことで適正な価格が見えてきます。

その時、低姿勢で「すいません。お金がないので相見積もりなんですが、出してもらえますか。発注できるかどうか、わからないんですが・・・」と最初に言うことが肝心です。

それを伝えることで、「相見積もりなら、自分のところは見積もりに行かない」という人もいますし、「相見積もりだったら、原価ぎりぎりで本気の見積もりを作りますよ」という人もいます。

その対応を見るだけでも自分との相性を計る材料になりますし、後から文句を言われることもなくなります。


いいリフォーム会社を見つけるコツですが、その前に知って欲しいのは、全ての会社がボロ物件のリフォームを喜んでやってくれるわけではない、ということです。

サラリーマンの中にはお金を払う方が偉くて、仕事を請ける方が下、と思っている人が少なからずいらっしゃいますが、その考えは改める必要があります。

建築現場は人手不足です。儲けの少ない仕事、面倒なお客さんの仕事、セコイお客さんの仕事はしない、という会社さんや職人さんは多くいます。

そういった意味では、「ボロ物件投資のリフォーム」を嫌がらない、相性のいい会社さんや職人さんを選ぶことが重要です。

発注する前に、「お願いしたいのは一般の家じゃなくて、投資用の賃貸物件の工事なんです。しかも、階段立地でボロボロの物件です。完璧に仕上げたいわけではなくて、7割の仕上がりでいいから安く抑えたいんです」ということを、きっちりと伝えるのです。

普通のリフォーム会社さんは、「うちではちょっと難しいですね」とやんわり断ると思います。

ただ、複数の会社を当たる中で、何社かは、「なるほど、投資物件なんですね。だったらできるだけコストを抑えたいですよね。うちはそういう仕事もできますよ」と前向きに対応してくれるところが出てくると思います。

こういうところを幾つか見つけられると、強い味方になってくれます。

「普通の家の工事の方が儲かるのに、コストを抑えてボロ物件の工事をしてくれるところなんてないのでは？」と思う人がいるかもしれません。

しかし私がリフォーム会社の社長だったら、定期的に仕事の種が欲しいので、引き受けると思います。

普通の家では、リフォームをしょっちゅうやるわけではありません。でも、不動産投資家は毎年のように物件を買い、その都度、工事が発生します。

「この人を大切にしておけば、1年に1棟は仕事がくる」と思ったら、やっぱりつながっておこうと考えると思います。

そう言った意味では、「コストは厳しいですが、長期的にたくさんの仕事を発注できる人間です」ということを相手にうまく伝えることがコツになります。

ただし、ボロ物件の工事を喜んでやってくれても中にはダメなリフォーム会社さんもいます。

「返事が遅い、約束を守らない、金額が高い、ホウレンソウがない」という感じです。

このような相手と仕事をすると、ストレスになります。ですので、いい会社さんが見つかったら長くお付き合いできるように、大事にするようにしています。


ただし、ボロ物件のリフォームでお世話になる職人さんには様々な職種があり、ざっとあげるだけで以下の方々がいます。
①大工さん、②給排水管職人さん、③内装職人さん（クロス・CF・ダイノック）、④塗装職人さん、⑤電気職人さん、⑥クリーニング職人さん、⑦便利屋さん・・・など。どの職人さんに発注するかの判断はある程度の経験も必要です。
職人さんを探す方法は、インターネットで「リフォーム会社　地名」で検索したり、電話帳のリフォーム欄を見たりすれば、候補を発見できるでしょう。
※各職人さんの仕事の管轄や仕事の依頼の仕方については私の著書『"5万円"以下の「ボロ戸建て」で、今すぐはじめる不動産投資！』（ごま書房新社）で説明していますのでご参照ください。

Q

コストを抑えるために、休日を利用して自分でＤＩＹをしたいと思っています。コスパのいいＤＩＹ、逆にコスパのよくない（外注した方がいい）ＤＩＹを教えてください。

成功のコツ 40

クロスや仕上げ部材は、入居者の目につく場所なのでプロに任せた方がいいと思います。ＤＩＹに向いていてコスパもいいのは、残置物撤去でゴミを運ぶ等の肉体労働系の作業です。

「餅は餅屋」という言葉があります。

専門技能がいるような仕事や作業というのは、素人がＤＩＹで一朝一夕でできるものではありません。

例えば、クロスを張るとか、床を貼るとか、そういう仕事はプロに任せた方が早いですし、それほど高くないので、外注がいいと思います。

クロスは単価が１㎡千円とか９００円とか、わかりやすい見積もりが出てきます。

それを見て、「ネットで調べたら、1㎡200円ぐらいで売っているものなのに、もったいない」と思う人がいます。

でも、壁の広さにあったクロスを買ってきて、糊を裏に付ける機械を買うとなると、やっぱり何万円かしますし、薄くきれいに均等に張るためには相応のテクニックが必要です。

それを初心者がいきなり貼るのは簡単ではありません。貼れたとしても、あとではがれてきたり、収縮してすき間が空いたりして、やり直しになるようなこともよくあります。

ですので、クロス等の仕上げ部材といった入居者の目に入る場所は、プロに任せた方がいいというのが私の考えです。

私の読者の方でも、「DIYをやりたい」という方はたくさんいます。理由は「お金を節約したい」「勉強したい」等、様々です。

私としては、「やりたいなら、やってみたらいい」と思いますが、職人に頼んだら2週間でできることを、お正月休みに飛行機に乗って長崎に来て自分の物件に寝袋で泊まり込んで、結局その休みで終わらずに次に来るのがゴールデンウィークというような方を見ると、さすがにそれはどうだろうと思います。

ですので、ＤＩＹをするとしたら、肉体労働系がおすすめです。

残置物撤去で畳をゴミ捨て場に運んだり、カーペットを剥がしたり、庭を除草したり、そういったものです。

自分で手配したトラックにゴミを積んで、ゴミ処分場に捨てにいくと、安く上がります。

# Q

**リフォームの際、コストを抑えるために施主支給で行うことを検討しています。注意点があれば教えてください。**

## 成功のコツ 41

**施主支給は、大工さんにとっては効率が悪く面倒くさいことです。規格違いなどの発注ミスなども起こりがちです。やるなら徹底的に資材や施工の勉強をしたり、送る前に大工さんに確認してもらったりして、なるべく現場に迷惑をかけないように行ってください。**

私も初期の頃に施主支給をしていました。ただし、自分が長崎に行って現場を見ていたので何かあっても自分でフォローができました。そういう意味では、東京にいて現場を見られない人が施主支給するのとはまったく違うと思います。

コストを抑えたい気持ちはわかりますし、その視点は非常に大切ですが、職人さんの立場に立って考えることも大事です。

職人さんは、施主が「施主支給したい」と言い出さなければ、自分の付き合いのある問屋さんに電話1本かけるだけで、楽に部材を搬入することができます。

細かいことを言わなくても、「フローリング」と言えば、必要なものが全部セットされたものを持ってきてもらえますし、支払いも楽です。階段立地でも運んでくれるので、自分で搬入する手間もありません。

そういう仕事を普段からしている人たちからすると、「施主支給したい」と電話で遠方のオーナーに頼まれて、

「今日ですよね。まだ来ませんよ」

「いやいや、佐川急便が下まで行ったんだけど、階段を上がれないらしくて・・・」

なんてことになったら、面倒でもうやっていられないよ、ということになります。

ですから、施主支給をしたいという人は、「かなり面倒くさいことを、職人さんに

お願いしているんだ」ということを理解しておくことが大切です。

注意したいのが、部材の発注ミスです。

具体的には、蛇口の口径や便器の排水芯の規格が合っていないということが起こります。

そういったミスを防ぐには、商品を買う前に職人さんにLINE等でサイズや仕様が入っているページと写真を見てもらうといいと思います。

「これでいいですか?」と送れば、「あ、いける、いける」とか、「いや、これ違う。ここに200って書いてあるけど、150っていうのを買って」などと教えてくれるはずです。

キッチンの施主支給は確認事項が多いので要注意

施主支給でけっこう安くなるのはキッチンです。

ただ、キッチンも注意するところが多くあります。

ガス台とシンクの左右の位置を間違えたという話はよく聞きます。他に、換気扇の位置もありますし、ガス台の周りにあるキッチンパネルの施行も指示しておかないといけません。

シンクも、中央排水と横排水があります。ここも確認しておかないと「排水を用意しているのに、排水位置が違うから、また追加の工事がいるよ」ということになったりします。


フローリングの工事でも、今は「1坪6枚のフローリング」が大体国内の標準仕様ですが、安いフローリングをネットなどで買うと、1坪12枚になっているなど、標準とズレたものがたくさんあります。

そうなると、現場では「これ、倍の枚数に分割されているから倍の手間がかかるなあ」ということになってしまいます。

数万円を節約するために、現場に迷惑をかけることになるわけです。

職人さんたちは別に、そんなことでは怒りません。その代わり、彼らは次から安全マージンを取ろうとして高めの見積もりを出すようになります。

そのため、施主支給して安くしているつもりでも、次からどんどん値段が上がり、結局、安くないということになります。

ですから、どうしてもやるなら大工さんとの信頼関係をつくってから取り組むことが大事だと思います。

実は私自身も最初は間違った注文をして、大工さんに迷惑を掛けました。痛い目にあったことで必死に勉強して、間違いを減らしていきました。

今は物件が増えて自分でリフォーム会社を作ったので、卸売価格で仕入れができるようになり、施主支給はしていません。

ちなみにこの会社では私の物件だけでなく、私の知り合いの方の物件のリフォームも請け負っています。

その時、オーナーさんが「施主支給」を希望した場合はＯＫしていますが、そこで間違った部材が送られてくることも少なくありません。

ただ、私の会社の場合、物件数が多いので、「部材が間違っていたので、別のところで余った正しいやつに置き換えときますね。届いたものは、また別の物件で使うようにうちで引き取りますけど、いいですか？」みたいな感じでうまくやっています。

ここまで厳しい事を書きましたが、施主支給はしっかりと勉強すれば難しい事ではありません。

施主支給ができる部材はそれほど多くないからです。

本書では割愛しますが、照明・モニターホン・便器・水栓金具・フローリング等、家1軒で10個もないと思います。

その10個を理解しておけばいいのです。そうすれば2回目、3回目からはスムーズにできるようになると思います。

何度かやっていると、大工さんも「今回の物件は、トイレがちょっと普通とは違うから注意してください」等と教えてくれるようになると思います。

**※施主支給の部材については私の著書『"5万円"以下の「ボロ戸建て」で、今すぐはじめる不動産投資！』（ごま書房新社）で詳しく説明していますのでご参照ください。**

12ミリ（厚み）×303ミリ（横）×1818ミリ（縦）サイズのフローリング

イケアのスポットライト。安価で見た目もお洒落

録画機能付ハンズフリーテレビカラーモニターホン

便座＋便座のふた【TOTO TC290／TC291】

## Q

資金が十分ではないので、まずは最低限のリフォームで仕上げて貸したいと思っています。「ここは省いてもいい、ここは絶対に省いてはダメ」という箇所を教えてください。

## 成功のコツ 42

**初心者は表面を直そうとしますが、それよりも水道管、電気の引込線など、インフラ関係を更新するべきです。そのまま使っていると3年後、5年後に不具合が出て、工事に大金がかかってしまうケースが多いためです。**

初心者さんがリフォームで失敗しやすいポイントについて、お伝えします。

多くの素人さんは、目に見える部分しか見ようとしません。

「クロスの㎡単価が900円だけど、ほかの会社が850円でやってくれたから、850円にしてくれ」とか、そういう細かいところは気が付くのですが、肝心なところには無頓着です。

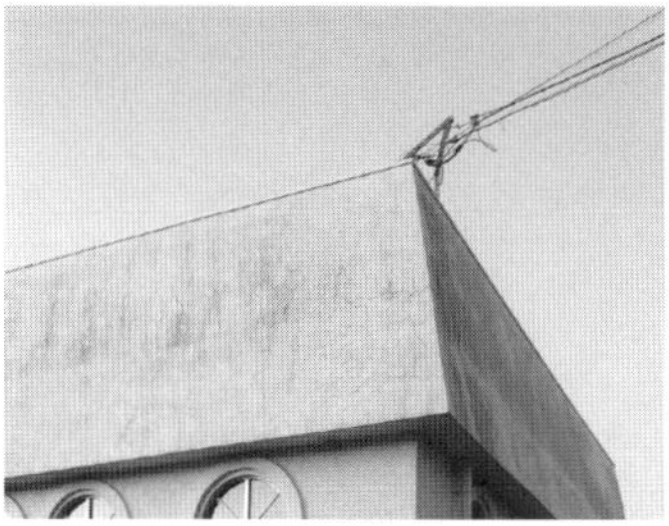

物件に電力や電話・インターネットを供給している引き込み線。ボロ物件のリフォームは表面的な床壁天井に目が行きがちだが、目につきにくいインフラの健全化こそが重要

ワンルームアパートの上水管の水道メーターより末端側を全交換している様子。サビ水が出ているアパートを大幅指値で購入し、上水管の交換を行うことで高利回り物件を作ることができる

例えば、水道管を水栓金具だけ替える人がいますが、せっかく床をはいで露出するなら水道メーターから水栓金具までの管も替えればいいのにと思います。

戸建てでいえば、スケルトンにして工事をするなら水道管や電気の引込線といったインフラ関係を更新することをおすすめします。

更新せずにそのまま使ってしまったせいで、3年後、5年後にクレームが出て工事に大金がかかったという話をしょっちゅう聞きます。

一度、インフラ関係をガラリとやり替える工事を経験すると、表面だけ直して、目先の利回りを上げることが、ばかばかしく感じるようになります。

自分の物件の水道管が鉄管なのか塩ビ管なのかも知らず、「利回りが20%を超えた！」と言うことには、意味がないのです。

古い水道管のままで高利回りで仕上げても、数年後には大工事が必要になって、その利回りも吹き飛んでしまうのです。

ここで少し踏み込んで、水道管と電線について解説します。

一戸建ての水道管を全部替える場合、安くて10万円くらい、高ければ100万とか150万円くらいかかります。この違いは建物の中に水回りが集まっているか集まっていないかや、水回りの位置と水道メーターの配置関係によっても違ってきます。

「水道メーターから1メートルのところに台所とトイレと風呂が集まっていて、水道メーター以降、末端部分まで3メートルしかない」というようなコンパクトな家は安くなります。

一方、水道メーターから風呂まで25メートルあり、風呂と反対側に台所があって、さらに水道管が伸びているといった場合は高くなります。

深さも、深いところにあるか浅いところにあるかで変わります。

それが分からない状態で水道工事が高かったとか安かったとか、判断することはできないわけです。

次に電線です。私のボロ物件では、「電柱から家に入ってくる電線」も新しくしています。

工事は2つの要素に分解できます。

まず、九州電力に対する事務仕事です。これは資格がないとできないのですが、書類提出で大体8万円ぐらいかかります。これは自分ではできませんので、免許を持っている電気屋さんに依頼します。

次が物理的な工事です。こちらは電柱と建物の引き込み位置との関係や、高低差によって価格が変わってきます。

5万円くらいでできることもあれば、30万円かかるときもあります。

素人の方から見ると、「電線が痛む」という発想はないかもしれません。

しかし、実際は古い電線のままだと漏電や電気が通らないといったクレームが出やすいのです。これを事前に新しくすることで、後々のトラブルを防ぐことになります。

電気のクレームで一番多いのは、アンペア数が少なくて、ブレーカーが落ちてしまうトラブルです。昔は一戸の戸建てで30アンペアもあれば十分だったようですが、電気をたくさん使うようになった現代では、到底足りなくなっています。

電気の線は住宅用では2芯、3芯の2種類がありますが、昔の電線は2芯でプラスマイナスの2本の線しかありませんでした。

ボロ物件を買うと、電気が2芯というケースが非常に多くあります。そして、2芯だと30アンペアが限界で、それ以上増やすことができません。

今の規格の3芯では、プラスマイナスの2本の線と中性線というものがあります。これだと60アンペア、70アンペア、80アンペアとどんどん増やせるので、エアコン複数台と乾燥機、IHなども使えるようになります。

私の場合、ボロ物件を買って2芯だったら何も考えずに替えることにしています。そのままですと「すぐブレーカーが落ちる」というクレームになりますし、入居者さんが入ってから工事をするのは空き室のときにやるより、手間が何倍にも増えるからです。

Q

長崎に物件を買いたいのですが、住まいが東京なので、リフォーム現場に顔を出すことができません。脇田さんは進捗や仕上がりを毎回、見に行っていますか？

## 成功のコツ 43

**自分が現地にいけない場合は、LINEを使って進捗や仕上がりを確認する方法があります。現地のリフォーム会社に依頼している場合は、定期的に報告してもらえばいいと思います。**

東京にいて遠方のリフォームの現場に顔を出せないなら、朝昼夕方、「大工さん、進捗はどうですか？」と電話をしたらいいと思います。

ただ、多くの方は大工さんから色々と言われても、「私は素人ですし、実際に見てもいないので、現地の事はあなたにお任せします」となりがちです。

建築の知識があるならそこで投げないで、「写真を撮って送ってもらえますか？」とか、「ライブチャットをちょっとつないでいいですか？」と、なんとか乗り越える

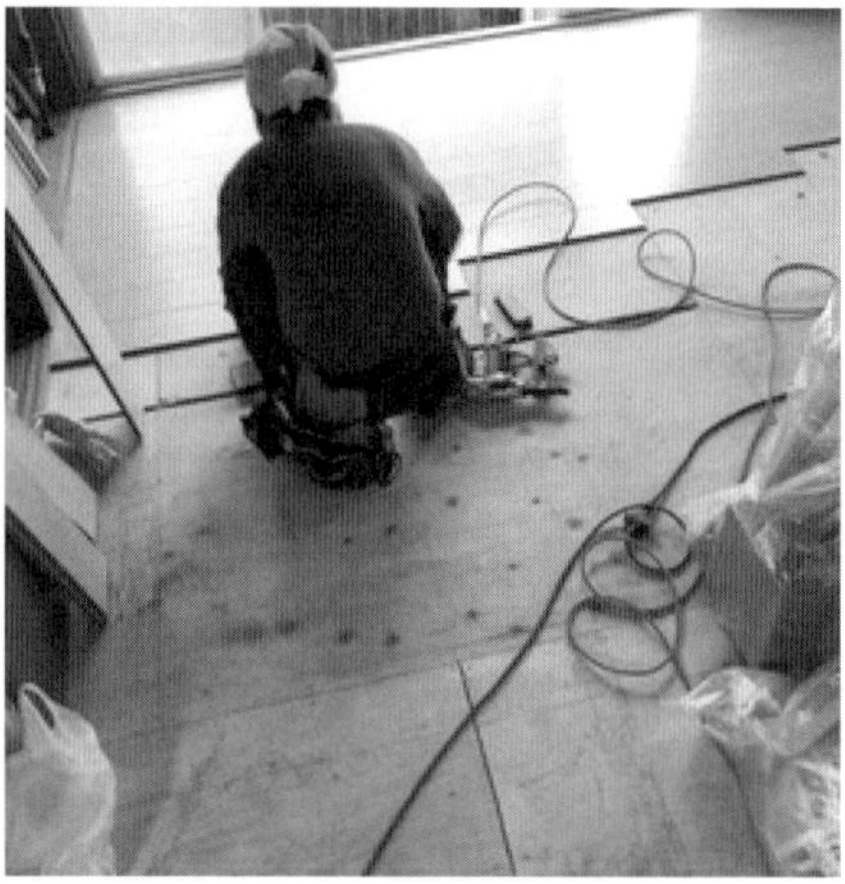

定期的にリフォーム現場の様子を報告してもらえる仕組みを作る

ことは可能だと思います。

現地のリフォーム会社（工務店）さんで信頼できるところに頼んでいる場合は、別に毎日見なくても、「週に○回、報告してください」と伝えておけば問題は生じないでしょう。

ここからは余談になりますが、私の場合は、自分の会社の社員である現場監督が毎日、現場を見に行っています。

今は社員の現場監督が3人いるので、手分けして回っています。マメに行くのは間違っていたときに手遅れにならないようにするためです。

職人さんには見積もりを作成して成果で仕事をする請け系の職人さんと、人工で働く職人さんの2種類がいます。両者の違いは明確です。

請け系の方は「責任を取る代わりにお金を稼ぎたい」という方で、人工で働く方は「お金はそこそこでいいから、責任をとりたくない、働いた分だけお金を払ってほしい」という人たちです。

そして、後者の場合は「言われたことをやるだけ」という感じで作業をしているケースがけっこうあります。

請け系の方なら黙ってどんどん作業を進めていってくれますが、人工で働く方は違います。

「俺、ただの大工だから指示してもらわんとわからん」と言って、その日やることを全部教えておかないと仕事が止まってしまうこともあります。

以前、何日かあけて現地に行ったら、「しばらく来ないから、待ってたよ」と言われたことがありました。「待っていたってどういうこと?」と思ったら、「これであっているか、判断してもらってから進めようと思って」と言うのです。

指示を出せば動いてくれるのですが、そうでないと現場が止まってしまうということです。

それからは、「言わなくてもわかるだろう」が通用しない人たちもいる、という前提で仕事をするようにしています。

**Q**

**過去にシロアリ被害のあったボロ物件を買う予定です。シロアリ予防の防除剤散布はやった方がいいでしょうか?**

## 成功のコツ 44

**木造築古物件は、常にシロアリの脅威にさらされています。シロアリの被害がなかった場合や、被害箇所を修繕し終わった後も油断は大敵です。コストと効果のバランスを考えながら、対策を講じましょう。**

シロアリの被害を防ぐために、私は購入した物件が過去にシロアリの被害にあっていた場合、再度、被害にあわないよう、シロアリ駆除剤を散布するようにしています。ただし、予算もありますから、その都度、その時に用意できる予算にあわせて、3パターンの方法で散布するようにしています。

## 1）「松プラン」シロアリ屋さんに防除剤の散布を依頼する

松プランは、シロアリ屋さんへ依頼して防除剤を散布してもらうという最もオーソドックスな方法です。

この方法のメリットは大きく2つあります。まず1つ目は、何と言っても、専門家へ全てお任せするので手間要らずで安心ということです。

2つ目は、損害保険会社のシロアリ被害保険が付いてくるので万一将来的に被害が発生したとしても、保険で補償されるという安心感を得られることです。

松プランのデメリットは、料金が少し高いというくらいです。

私が所有している2DK×6世帯のアパートの場合、1棟丸まる防除剤を施工して30数万円の見積りでした。

シロアリ保険の期間は施工から5年間で、総額1千万円までの補償が得られるという条件のものでした。

## 2）「竹プラン」職人さんへ防除剤と噴霧器を支給し散布してもらう

次は竹プランです。これはシロアリ屋さんではなく、自分で防除剤を用意して職人さんへ支給し散布してもらうという方法です。

楽天などで、「シロアリ」「防除」「予防」等と検索すれば、様々な薬剤を発見することができると思います。

これらを購入して職人さんへ支給し、「床下や天井裏、床材の裏面など、可能な限り多くの木部へこの薬剤を散布してください」とお願いしてみましょう。

もし、職人さんが噴霧器を持っていない場合は、ホームセンター等で手動式の噴霧器を購入し一緒に支給するといいでしょう。

私の経験では、ある程度の関係性がある大工さんなら引き受けてくださるケースが多いですし、何らかの理由で引き受けていただけない場合でも、他の方を紹介してもらえることが多かったです。

初対面の大工さん等へ、いきなり、本業ではない仕事を依頼することは、あまりおすすめできません。ある程度の人間関係ができてからお願いするようにしてください。

お願いできる人が思いつかない場合は、便利屋さんへ依頼しても良いと思います。

この方法のメリットは、コストを大幅に削減しつつ、場合によっては、シロアリ屋さんへ依頼するのと同等程度の防除効果を得られる可能性があるということです。「可能性がある」というのは、実際に薬剤を散布する職人さんがシロアリの専門家ではないので、人によって散布の精度が低かったり、ムラが発生するなどの問題が考えられるからです。そのあたりは「ムラが出ないよう全体へもれなく丁寧に薬剤を吹き付けてください」とお願いするくらいしか対処法はありません。

デメリットとしては、先ほどのシロアリ保険が付けられないということが挙げられます。シロアリ保険は、私が知る限り、専門のシロアリ屋さんを通さないと加入できないからです。

### 3）「梅プラン」自分で防除剤を散布する

最後の方法は、自分で防除剤を散布するという方法です。

この場合、必要なコストは薬剤等の材料費だけで済みますが、本来、念入りに作業するべき床下や天井裏など奥深い場所へ、素人の私たちでは手が届かないことがほとんどなため、効果が低くなるというデメリットがあります。

このプランは予算の都合上、やむを得ず、今回はシロアリの防除工事は見送ろうというような場合に取る緊急避難的な措置として考えるのがいいと思います。

それでも、何もしないよりはよいのではないでしょうか。

## Q

**安かったので、床が少し傾いた家を買おうと思います。どのようなリフォームのやり方がありますか？**

## 成功のコツ 45

**基本的に、床が傾いた物件は購入しないほうがいいと思います。ただし、例外的に買ってもいい物件もあります。**

なぜ、私が床が傾いた物件を買わないかというと、他のリスクと違い、「床の傾き」は購入後のリフォームで抜本的な対策を行えない場合がほとんどだからです。

もっと細かくいうと、抜本的な対策は技術的には可能ですが、コストがかかりすぎるために投資として成立しないのです。

しかし、矛盾するようですが、私自身、床の傾きがある物件を買うことも、ないわけではありません。

具体的には、次の条件を全て満たす場合は床の傾きがあっても気にせず取得するようにしています。

## 1）表面的な大工工事で「その場しのぎ」が可能な場合

床の傾きには必ず原因があります。例えば、地震の影響で地盤が傾いてしまった場合とか、人工的に造成した土地が時間の経過によってずれてしまった場合、地下水の影響等で地盤が不同沈下した場合などです。

また、土地に問題はないけれど、単純に新築時の床の施工精度が低くて傾いているというケースもあるでしょう。

本来は、床の傾きが発生している根本的な原因を調査した上で、その原因を取り除いていくべきなのですが、例えば、土地の傾きを建物を維持した状態で補正していくことはコスト面から現実的ではありません。

そのような場合に次善策として考えられるのは、根本原因には手を付けずに、フローリング等の床材の下にある根太の厚みを場所ごとに調整する等の方法で、表面的に傾きを解消してしまうというやり方です。

大工さんやリフォーム会社さんへ物件購入前の調査時に、「この床の傾きを表面的に解消するための見積りを下さい」とお願いすれば、大体のコストを把握できると思います。

この場合、手を加えるのは表面的な床材や根太のみですので、早ければ数日で調整可能ですし、コストも普通に床材をやりかえるのと大差ないケースがほとんどだと思います。

## 2）今すぐに問題が拡大する見込みが低い場合

床が傾いた物件をあえて購入しようという場合、その傾きが現在進行形のものか？そうでないか？　ということが重要なポイントになってきます。

事前に大工さん等に調査を依頼してみて、「今すぐに問題が拡大することはないでしょう」ということであれば、ひとまず安心はできます。

しかし、例えば「この床の傾きは、1カ月前の地震のせいでしょう。余震が発生する可能性もありますし、半年後に今の状態が保たれているかは不明です」という場合には、手を出さないほうが賢明です。

このあたりの判断のさじ加減は、それぞれの投資家が納得できるラインを自分で見つけるしかないというのが正直なところです。

### 3）物件価格が1世帯あたり30万円未満の場合

私の経験では、少なくとも長崎等の地方部においては、1世帯あたり30万円以上の予算があれば、わざわざ床が傾いたハイリスク物件を取得しなくても、もっと低リスクのボロ物件を購入することができます。

ですから、この水準以上の超低価格物件の場合のみ、検討の俎上に載せればいいのではないか？　というのが私の考えです。

1世帯あたり30万円という価格に精緻な根拠はありませんが、戸建ての場合、1棟30万円。アパートの場合、4世帯で120万円、8世帯で240万円という計算になります。

つまり、誰がどう考えても「超」が付くほどのお買い得物件でもない限り、手を出さないほうが良いというのが私の意見です。

木造物件は構造がシンプルでリフォーム費用を抑えやすい

## 4）木造物件の場合

そもそも、建物の構造が木造以外の場合、物件価格が1世帯あたり30万円未満であること自体がほとんどないと思いますが、私なら、建物の構造が木造以外の場合、床が傾いた物件は購入しないと思います。

というのも、床が傾いているということ自体、建物の価値が大きく損なわれている状態です。ということは当然、最悪のケースを想定し、近い将来建物を解体することになっても問題ないよう準備しておく必要があるということです。

木造であれば、建物を解体し更地に戻すのも比較的安価です。

しかし、鉄筋コンクリート造や鉄骨造の場合、そうはいきません。

建物の構造が木造かそれ以外か？　が、ぎりぎりリスクをコントロールできるか？　できないか？　の分水嶺になります。

その点、木造物件を選ぶことは色々な意味でのリスクヘッジになるのです。

## Q

**ボロ物件には家具等の残置物があるケースが多く、その処理には一定のコストがかかると聞きました。安く処理する方法があれば教えてください。**

## 成功のコツ 46

**産廃処分の業者さんへ相見積をとり、ポイントを押さえて依頼すれば手間もコストもそれほどかかりません。**

ボロ物件を買う際、売り主様が高齢で室内を清掃できない等の理由から、売主様が使っていた家具や生活道具などの「残置物」が物件に残されたままで売られているケースがあります。

私は年に何百棟単位の物件を見学していますが、体感値でいうと購入するボロ物件全体の三分の一～半分は残置物が満載です。

このような物件を、普通の人は敬遠するようです。

しかし、私にとっては「お買い得物件を作るチャンス到来」といったイメージです。

手間暇はかかりますが、その分、物件の価格交渉を有利に行えるケースが多いからです。


残置物の一番オーソドックスな対処法は、地元の産廃処理業者さんにゴミの処分を依頼することです。インターネットで「ゴミ処分・地名」等で検索すれば、一般家庭向けのゴミ処分を請け負っている会社や店舗が複数見つかると思います。

2～3社相見積りを取るだけでも、ある程度のコストダウンは可能です。

通常、トラックが横付けできる物件であれば、トラックへの搬入費用を合わせ2t車一杯で2万～3万円くらいで足りると思います。

時間のある方は、その前にリサイクルショップに行ったり、職人さんや知人等に「ご入用の物があればご自由にお持ちください」と伝えることで、ある程度、荷物を減らせるかもしれません。

2番目の方法は、その物件のリフォームをお願いする職人さんやリフォーム会社さんに対して、「リフォームの前に残置物の処分をお願いできませんか？」と依頼してみる方法です。

知り合ったばかりの相手にこのようなお願いをすると怪訝な顔をされるかもしれませんが、ある程度関係性のある職人さんやリフォーム会社さんなら、快く引き受けてもらえる可能性が高いと思います。

どうせリフォーム工事でもゴミは発生するのですから、元々ある残置物と合わせて処分していただけば効率的です。もちろん、ごみ処分の対価は見積りを依頼した上で支払うようにしてください。

私の経験からすると、産廃処分業者さんに依頼するより、業者さんにお願いした方が、安上がりなケースが多いと思います。

3つ目の方法は、自分で物件所在の地方自治体が運営しているごみ焼却場へ搬入する方法です。通常は、100キログラムあたり600円とか、50キロまで200円といった驚くほどの低価格で処分が可能になります。

ただし、事前にごみを分別する必要がありますし、引き取ってもらえない品目も結

ボロ物件投資では捨てるものが多く出やすい

構あります。

　また、自家用車を使うと一度で運びきれなかったり、愛車を傷つけて結果的に高くついたりということも考えられるので注意が必要です。

　地方自治体によっては不動産投資を行う過程で発生したごみの搬入を認めていない場合もあるようなので、事前に物件所在の市区町村の担当部署へ事情を説明した上で、ごみを持ち込んでもいいかの確認を取ることをおすすめします。

Q

相見積をして一番安いリフォーム屋さんに仕事を頼んだところ、工事の途中で倒産してしまい非常に困ったことがあります。どこを注意すればよかったのでしょうか？

成功のコツ47

初めてお願いする会社の場合は、実際の現場や働いている職人から評判を聞くなど、簡単にでも信用調査をすることをおすすめします。頼む場合も、いきなり大きな工事でなく、小さな工事を何度か任せて、人柄や腕などを見ながら段階を踏んでいきましょう。

私はリフォームをリフォーム会社に発注したことがないので、発注先の会社が倒産したという経験はありません。

ご質問のケースだと計画倒産の可能性も考えられると思います。

最初から採算度外視で安い価格を提示して、どんどん工事を請けて入金してもらい、最後は倒産して逃げるという算段だったのではないでしょうか。

リフォーム会社は不動産会社さんや大家仲間から、紹介してもらう事が多いと思います。

そのやり方は悪くありません。信頼できるとの評判と実績がある会社を選ぶのが一番です。

ただ、うまくいっていた会社の経営が悪化して倒産することもありますから、確実な方法というのはありません。

ですから、初めてお願いするリフォーム屋さんは事前に信用調査のようなことはした方がいいと思います。

例えば手掛けた現場を複数見せてもらうとか、昔からその会社と付き合っている人の意見を聞いてみるなどが考えられます。

他に、今やっている現場を教えてもらって、職人さんに「ここの会社は働きやすいですか?」、「ちゃんとしていますか?」と聞いてみるのもいいでしょう。

経営が厳しいリフォーム会社は、支払い時期が遅くなる傾向があります。

職人さんが「日払いで払ってくれるよ」とか、「着手金でいくら、中間金でいくら、完成時にいくらという風に払ってくれるから、この現場はいいね」とか、そういう言葉を聞くだけでも、お金に困っているか困っていないかがわかるわけです。

最近はやりたい工事内容と希望予算などを書くと、ネット経由で複数社から見積もりを出してもらえるサービスもあります。

遠隔の大家さんの場合は、そのような会社の中から選ぶケースもあるでしょう。

そういうやり方で選んだ会社には、まず小さい仕事から任せていくのがいいと思います。

いきなり最初に500万円とかの大きな仕事を投げずに、まず、「和室1つを洋室にする15万円の工事」みたいなものを頼むのです。

小さな工事でも、その会社の姿勢のようなものは見えます。何往復かメールや電話をやり取りすれば、人柄もわかります。

ですから、泥臭いですが少しずつ、小さい仕事の成果から様子を見ていくというやり方が一番効果的だと思います。

私の場合ですが、新規で新しい職人さんと付き合うときはちょっとした修繕工事を任せることが多いです。

そこで対応や手腕を見て、現場監督にも「どうでしたか?」と聞いてみます。

監督が「よかったですよ」とか、「段取りもよくて、すばらしいですよ」と言うようなら、だんだんと大きい工事を任せて、最終的には家1軒とかをお願いしていきます。

# Q

**いつも同じ業者に頼み続けていると、次第に価格が高くなると聞いたことがあります。脇田さんは毎回、相見積もりをとっていますか？　教えてください。**

## 成功のコツ 48

**楽をするとコストが上がります。同じところに頼むのは楽ですが、次第に価格が高くなるのは事実です。緊張感がなくならないよう、一つの会社や一人の職人さんに頼り切らないようにしましょう。**

まず、質問者さんの言う通り、「ずっと同じ会社に頼んでいると、値段がどんどん高くなっていく」というのは、その通りです。

やはり人間の性（さが）でお金はたくさん欲しいものです。

また、同じ相手に何度も発注していると、相手の中にだんだんとこちらの情報が蓄積されていきます。

「この施主さんは、もううち以外には頼む気はないな」

「以前にイレギュラーなことがあって、追加費用がかかるという話になったときに、すっきり払ってくれたな。ということは、お金に困っていない人なんだ」という具合です。

この2つが重なると、相手は怪しまれない範囲で値上げをしてくることが増えてきます。

特にリフォーム会社を興すような人は、お金儲けが好きな人が多いので、リフォーム会社に発注する際にはそういう傾向があると知っておいた方がいいと思います。

職人さんには純朴な人が多いので、職人さんに直に発注したときはこういうことはあまり起きません。

といいつつ、過去には10日でできる仕事を「15日かかります」とウソを言って、日当を多くもらおうとした人もいました。

それを防ぐには、「この工事にはだいたい何日かかる」という知識をこちらでも持っておくことが重要です。

また、相手に「この人は頼む相手が俺しかいないな」と思われないことも重要です。

例えば、職人さんはよく、「お抱えの職人さんは何人いるんですか?」という質問をしてきます。それは、こちらの仕事量や経験などを知りたいために聞くのです。

私は正直に「大工さんは今、5人ぐらいです。ちょっと5人だときついので、また新しくお世話になれる人を探しているんです」などと答えます。

すると聞いた方としては、「5人もこの人のところで働いているってことは、それなりに仕事量が継続してあるんだな」とか、「素人じゃないから、下手なことしたらすぐ外されるな」と考えるわけです。

決して職人さんを疑っているわけではないのですが、押さえるべきところは押さえないと、余計な問題が生じかねないので、そのあたりの意識を持つことは大切です。

このあたりのニュアンスは、サラリーマンにはちょっとわかりにくいかもしれません。

ここまで話しておいてなんですが、やっぱり一つの会社さんにお任せした方が楽です。その分、お金はかかりますが本業に集中することができます。

楽とお金は反比例するので、その中からどうバランスを取るかということです。

ここからは余談ですが、もしも今、相場よりかなり安い価格で仕事をお願いできているという人がいるなら、それは現地の職人さんやリフォーム会社さんの善意にタダ乗りしていることになります。

そういう関係は長続きしません。

ほんとうに善人でタダ乗りさせてくれて何とも思っていない人も中にはいるでしょうが、たいていの人は、最初にサービスをする代わりに長く仕事を欲しいとか、工期に融通をきかせて欲しいとか、なんらかの要望を持っています。

それをしっかり理解して、できる範囲で応える必要があります。

とにかく安く使ってやろうというような考えでいると、その地域で引き受けてくれる人はいなくなります。

できるだけコストを抑えたい気持ちはわかりますし、それは私も同じです。

しかし、人の労力に対してはきちんとお金を支払わないと、後で自分の首を絞めることになると思います。

## Q

職人さんに人工（にんく）で仕事をお願いすると、コスパがいいと聞きました。職人さんに仕事を発注する時の注意点があれば教えてください。

## 成功のコツ 49

**理屈では可能ですが、現実的には遠隔で職人さんに直発注するのはほぼ不可能です。間に入ってくれる現場監督的な存在が不可欠になってきますので、そこをどうするかがポイントです。**

リフォーム会社に頼まずに、自分で職人さんに分離発注していくパターンですね。やり方としては、大工さん、内装屋さん、クロス屋さん等、工事に必要な職人をピックアップして、発注していくことになります。

ただし、最初は相当ハードルが高いと思います。

どうしても分離発注、直発注にチャレンジしたいのであれば、不動産会社さんに紹介を頼んで、まず、大工を見つけます。

そして、大工に職人さんを連れて来てもらってリフォーム会社的に動いてもらうようにすれば、セミリフォーム会社のような感じで、進めていけると思います。

大工さんとだけやり取りをして、「クロス屋さんとか電気屋さんとかは、大工さん、あなたがコントロールしてください」でもいいですし、仲介だけしてもらって、各職人さんと直接やり取りしてもいいです。その人の時間と能力次第です。

頼み方ですが、大工さんに、「すいません、現場監督っぽいことを頼んでいいですか？」と直球で頼んだとしたら、普通に「いいよ」と言ってくれる人と、「ほかの職人に払うお金の1割を自分にください」と言ってくる人もいます。「それなら、見積書を出します」と言う大工さんもいます。

その場合は見積もりを出してもらって、リフォーム会社さんと比べて安ければお願いする、ということになります。

ただし、一般の投資家の人が遠隔で現地に行かずに職人に直発注をするという手法をとるのは、ほぼほぼ不可能だと思います。

建築の知識がある人なら自分で現場監督ができるかもしれませんが、遠隔でやろうとすると、一日に3回も4回も現場と電話でやりとりすることになります。

ちなみに私は自分で現場監督を雇って、自分の物件のリフォームをお願いしています。戸数が多いので常に仕事を発注できるのが強みです。

以前は自分で現場監督をやっていました。この時はもう会社を辞めていたので、リフォーム期間中はできるだけ長崎にいるようにしてほぼ毎日、現場に通っていました。

基本的に、工事現場にリーダーが来ないことはありえません。

週に2回足を運んだとしても、職人からしたら、「この現場、6日間のうち2回しか来ないけど、大丈夫か？」と思われます。（工事現場は土曜日も稼働しているのが通常です）

片手間にできることではないので、そこは甘く考えない方がいいでしょう。

# 第6章
# 入居付け、セミリタイア、出口戦略 “6つ”のコツ

## Q

コロナウイルスの影響で失業して生活保護になった方や求職中の方のお部屋探しが増えていると伺いました。こういった方の入居申し込みはお断りした方が無難でしょうか?

## 成功のコツ50

# 保証会社の審査を通れば、断る必要はないと思います。

ボロ物件投資は、高属性の人たちを狙った投資法ではありません。アパートの家賃くらいの価格で広い戸建に住めるのを喜んでくれる人たちが主なターゲットです。

今、コロナの影響で全国でリストラが増えています。

つい最近まで真面目に働いていた人が、会社の都合で職を失うこともあります。何らかの事情で生活保護を受ける人もいます。

そういう人が、それまで住んでいた社宅や賃貸マンションを出て、家賃の安いところに移ってくることはよくあることです。

生活保護の方でも、求職中の方でも、毎月決まった家賃を支払ってくれる人なら大事なお客様です。

ですので、私ならそれを理由に入居をお断りすることはありません。

とはいえ、誰でもいいわけではありませんので、保証会社はつけていただきます。

保証会社の審査さえ通れば基本的にＯＫするというのが私の考えです。

## Q

外国籍の方の入居申し込みの対応に悩んでいます。入居を了承してもいい判断基準があれば教えてください。

## 成功のコツ 51

## 勤務先や大学が連帯保証人になってくれた時だけOKにしています。

長崎でも外国人の方からの申し込みは一定数あります。

大きな造船会社があり、その従業員の中に外国人の方が多いからです。それと、長崎大学の学生さんもまれにいらっしゃいます。

私が外国人で入居可能としているのは、その方の勤務先や大学が連帯保証人になってくれる場合です。そういう方は皆さん、問題なく住んでくださいます。

逆に言うと、そうでない場合はお断りしています。外国の方は文化の違いから室内を汚したり、いきなり帰国して連絡が取れなくなるなど、特有のリスクがありますので、そこはリスクヘッジとしてやむを得ないと考えています。

# Q

個人で買った物件を1軒所有しています。2軒目を買おうと思っているのですが、法人を作って買った方がいいのでしょうか?

## 成功のコツ 52

**法人を作るタイミングは人それぞれですが、5棟10室の事業的規模になるタイミングが法人化の一つの節目だと思います。**

結論を言うと、法人を作るかどうかはその方の考え方次第です。

ただ、一般的には5棟10室を超えるタイミングが、法人化には適しているのではないでしょうか。5棟10室を超えると事業的規模となり、節税等のメリットがあるからです。

一方、不動産投資をしていることが会社に知られると問題がある方は、早い段階で法人を作るのがいいと思います。

実際、私のクライアントの方でも、副業禁止の会社のサラリーマンの方や公務員の方は配偶者や親御さん、またはお子さんを代表にした法人を作ってその名義で購入している方が複数いらっしゃいます。


その他に、相続税対策を考えている方も、法人化はおすすめです。

個人で所有している不動産をそのまま相続すると、短期間で処分する必要が生じ、兄弟間や親戚等でもめる原因になりやすいためです。法人で買っておけば、その心配はありません。

## Q

## 脇田さんが今から不動産投資を始めてセミリタイアを目指すなら、どんな物件を買いますか？　ボロ物件投資だとスピードが遅いと思うのですが・・・。

## 成功のコツ 53

**長崎のボロ物件投資であれば、自分の利益になるものにだけお金を払いながら、効率よく進めていくことができます。ですので、今からセミリタイアを目指して始める場合でも、現在のボロ物件投資をもう一度選ぶと思います。**

私が今からセミリタイアを目指すとしたら、最初から長崎のボロ物件投資を始めると思います。

本書冒頭でもウサギとカメの話に例えてお伝えしましたが、入ってきた家賃を再投資していくといつのまにか増えていきます。

「そんなにお金が増えないなあ」と思っていても、入って来たものを使わないで貯めていれば、いつの間にかすごく増えます。それが複利の力です。

確かにスピードは遅いです。しかし、リスクが低く外に出ていくお金が少ないために、先の予測が立ちやすく計画通りに小金持ちになることができるという強みがあります。買っている間は贅沢はできませんが、見えないところではどんどん豊かになっているわけです。

私は一棟目に、大阪の1億円近くする一棟RCマンションをフルローンで買いました。

しかし、今なら買いません。

なぜかというと、今は融資を組むには悪い時期だというのがひとつです。相場的に高い時期ということもあります。

非常に安くいい融資条件で買えれば話は別ですが、そんなことは現実にありえません。

それなら、今でも安く買える長崎のボロ物件の方が、少ない元手を大きくするという意味では優れていると考えます。

また、RC物件は諸経費率が高い、税金が高い、保険料が高い、固定資産税も高い、不動産取得税などもバカみたいに高いという具合に、家賃収入を得るために、出ていくお金がとにかく多いのです。

仲介さんにも何百万円も仲介手数料を払う必要があります。

つまり、大きなRC物件は、自分でコントロールができない要素が多いのです。

一方、長崎のボロ物件投資であれば、現金で、無駄なお金を払わずに、自分の利益になるものにだけお金を払いながら、効率よく進めていくことができます。

ですので、今からセミリタイアを目指して始める場合でも、現在のボロ物件投資を選ぶと思います。

補足ですが、長崎のボロ物件にはアパートもあります。

「戸建ては安いけどアパートは高い、だから現金では買えない」という前提でお考えの方が多いのですが、12世帯で３００万円とか、10世帯で１００万円のボロボロとか、4世帯で50万円とか、結構普通に安いアパートが見つかります。

立派な戸建てよりもショボい４世帯のアパートの方が、取得額だけで言えば安いというケースもざらにありますので、検討してみるといいと思います。

# Q

**できるだけ早く給料以上のキャッシュフローを得てセミリタイアしたいと考えています。そのためには売却する物件も必要だと思うのですが、基準があれば教えてください。**

## 成功のコツ 54

**私は全部の物件をホールドする（売らない）つもりで買っています。ただし、いざ売る必要があれば、きちんとリフォームしてあれば売りやすいのも、ボロ物件投資のいいところです。**

この質問者の方はできるだけ早くセミリタイアしたいと書かれていますが、私のやっている長崎のボロ物件投資はカメのような投資です。

ですので、早くセミリタイアしたいという方には向かないかもしれません。

私は全部の物件をホールドする気持ちで買っています。離婚するつもりで結婚する人はいないのと一緒で、買うときには一生持つつもりで買付を入れるのです。

過去には何度か売却もしましたが、特殊事情があったときだけです。

例えば大阪の自宅の隣の土地が売りに出た時に、どうしても欲しくて、それを買うために物件を売りました。

金の成る木をなぜ売るのかわかりません。ずっと持っておきたいというのが本心です。

とはいいつつ、いざ金の成る木を売り飛ばしてでもお金を作りたいシチュエーションが出てきたら、その時には意外と売りやすいのがボロ物件投資の特徴です。

それは自分の経験からも感じています。

実際にアパートを売った時も、買い値の数倍の価格で売れました。

マーケットで見かける高利回り物件は通常、築古で、中もリフォーム前の傷んでいる状態のものがほとんどです。

そんな中、築年数は古いけれど利回りが15%以上あって、インフラも内装もすべて一度やり直してあるキレイな物件があったら、お買い得だと思いませんか？

自分が初心者でこれからボロ物件投資を始めたい人間だったら、そういう物件を欲しいと思います。

売りやすいというのはそういう意味です。

ちなみに、売却する物件とずっとホールドする物件をわけるとしたら、基準は立地でしょう。

長崎の階段立地で言えば、階段が深いもの、多いものから先に売りたいと私だったら考えます。

他のエリアでも、ここは何十年後もすたれないだろうという町とそうでない町があれば、どちらを残した方がいいかは明白ですよね。

年を取ったら、楽に埋まって楽に管理できる物件の方が持っていてストレスがないと思います。そう言う意味でもやはり立地のいい物件を残すと思います。

**Q**

**脇田さんは、サラリーマン時代からこれまで13年間不動産投資を続けられて無事安泰と聞きました。経験からうまくいく人、失敗しやすい人の特徴などあれば教えてください。**

**成功のコツ 55**

**相手の事を考え、利害関係者の利益を優先できるかどうか、泥臭いコミュニケーションで人間関係を築いていけるかどうか。同じ金額で得られる効果を最大化すると、累積で大きな差になってきます。**

泥臭いコミュニケーションを取れるか取れないか。
諦めてしまうか、最後までやり遂げられるか。
自分の事は後回しにして、まず利害関係者の利益を優先できるかどうか。
このあたりの違いが積み重なっていくと、大きな差になると思います。

また、目的を達成するためには何をしたらいいか？　ひとつの仕事で生産性を上げるためにどうすればいいか？

そういうことを突き詰めていけば、「相手のために何かする」方が喜んでもらえることに気づくと思います。

それが次の物件情報だったり、客付けだったりに繋がっていきます。

不動産投資家の中には、「お客さん感覚」で、「自分はお金を払う側なんだから、なんでもいうことをきいて欲しい」というような意識の人が珍しくありません。

それを絶対にダメというつもりはありません。

きちんとお金さえ払えば、平均点ぐらいの効果は得られます。

ただし、逆を言うと、そういう人はお金を払った分、代金分のものしか得ることはできません。

そこで少し意識を変えれば人間関係が1・2倍にも1・3倍にもなるのに、ちょっとしたことができないせいで、1・3倍を逃すことになるのです。

ちょっと失礼な態度をとったせいで、この金額を払ったら100の効果が得られていたのに90や80くらいしか得られないというパターンもよく見かけます。

同じことをしても、その人によって得られる効果は60から130ぐらいまで幅があるということです。

ボロ物件投資は、複数を購入して積み上げ、どんどん規模を拡大していく投資ですから、0・6×0・6×0・6の掛け算をしてしまった人と、1・3×1・3×1・3の掛け算をくり返した人では、雲泥の差が出ます。

1・3倍と0・6倍だけの違いでもすごいのに、100世帯、150世帯となったら累乗で増えていくわけですから、その開きは大きくなる一方です。

# あとがき

最後までお読みいただきありがとうございました。

本書は、2020年後半から2021年1月にかけて執筆しました。この1年間は、コロナの影響で非常事態宣言が発出され、大阪～長崎間の飛行機の減便も続く年でした。

欧米ではいち早くワクチンが認可されましたが、この先どう収束していくのかいまだに見通せない状況です。

もともと世の中の景気動向に左右されにくいボロ物件投資ではありますが、このような状況下においても私が実践する長崎でのボロ物件投資は堅調に推移しています。

感染防止策を徹底するため現場に入る職人の数を減らし、リフォームの進捗が多少遅れるという影響はありましたが、その一方で過去に例をみないほど良質なボロ物件が市場へ供給されました。

コロナの影響で持て余していた物件を処分したい売主様が増えたのに対し、飛行機で長崎まで来て物件を買おうという投資家の数は減ったため、完全な買い手市場で物件の売買を進めることができています。

結果、２０２０年は１００世帯近い良質な新規物件を購入することができました。

14年間不動産投資を続けていますが、いつの時代も危機とチャンスは表裏一体であり不可分であると感じます。このような状況にいつでも対応できるように準備しておくことも、私たち投資家の大切な仕事だと思います。


ボロ物件投資は目の前の一棟で完結する投資ではなく、５棟10棟・・・１００棟と棟数を積み上げていくことで、投資の安定性と拡大のスピードを向上していくことができる投資手法です。

そして、この手法には景気動向や金融機関の融資姿勢などの時代の流れに左右されないという強みがあります。ぜひ、読者の皆様もご自身のペースで、着々と目指すべきものを達成していただければと思います。

また、本書はピンポイントでお答えするQ&A方式で執筆しましたが、実際に投資家として一歩を踏み出される方は、ぜひ私の過去の著書で紹介している、実際の成功大家さんの投資事例やリフォームの詳しい流れもご覧いただくことをお勧めします。

具体的な成功イメージをもって歩みだすことで、より堅実にボロ物件投資を行っていけるはずです。

最後に、この場をお借りして謝辞をお伝えしたいと思います。

これまで様々な形で私の不動産投資を導いてくださった、さくら事務所の長嶋修様・大西倫加様、健美家でコラムを執筆する機会をいただき多くの方々と知り合う機会を下さった健美家の萩原知章様・倉内敬一様、皆様のおかげで今の自分があります。改めましてお礼申し上げます。

また、通算13冊目となる本書出版の機会を頂きました、版元であるごま書房新社編集部の大熊様、1冊目から継続して原稿作成のお手伝いをしていただいている、ライターの加藤浩子様にもお礼申し上げます。

本書が、ボロ物件投資に取り組む全国の投資家の皆様のお役に少しでも立つことを願っております。

2021年　1月吉日　大阪の自宅より日本経済の夜明けを願って

脇田　雄太

著者略歴

**脇田 雄太**（わきた ゆうた）

不動産投資家。脇田雄太事務所代表。1977年生まれ。大阪府出身。立命館大学政策科学部卒。在学中、通商産業省（現：経済産業省）、日本アイ・ビー・エム株式会社にてインターン後、新卒でリクルートグループ入社。在職中、大阪府下に中古マンション1棟を購入したのをきっかけに独立。2009年から「脇田雄太事務所」代表として大阪・長崎を拠点にて活躍中。投資規模としてはボロ戸建てを中心に、合計100室超の投資用物件を取得、家賃年収は4800万円を超えている。

『日経マネー』『エコノミスト』などビジネス誌へのコメント実績多数、セミナー講師としても、全国賃貸住宅新聞社をはじめ多くのセミナーに招かれるなど人気を博している。著書に『"5万円"以下の「ボロ戸建て」で、今すぐはじめる不動産投資！』『リスクと闘う不動産投資！』（共にごま書房新社）ほか累計13作。

●脇田雄太事務所公式ホームページ　http://wakita.in
●脇田雄太のコラム
（国内最大級・不動産投資と収益物件の情報サイト『健美家』にて）
http://www.kenbiya.com/column/wakita

5万円以下の「ボロ戸建て」で
不動産投資を成功させる
"55"のコツ！

| | |
|---|---|
| 著　者 | 脇田 雄太 |
| 発行者 | 池田 雅行 |
| 発行所 | 株式会社 ごま書房新社<br>〒101-0031<br>東京都千代田区東神田1-5-5<br>マルキビル7階<br>TEL 03-3865-8641（代）<br>FAX 03-3865-8643 |
| 編集協力 | 加藤 浩子（オフィスキートス） |
| カバーデザイン | 堀川 もと恵（@magimo創作所） |
| 印刷・製本 | 創栄図書印刷株式会社 |



ISBN978-4-341-08780-7 C0034